Kooperativer Unterricht in der Grundschule

Teamarbeit als Motor für individuelles Lernen

Reinhard Bochmann/Ruth Kirchmann

Kooperativer Unterricht in der Grundschule
Teamarbeit als Motor für individuelles Lernen

Autoren: Reinhard Bochmann, Ruth Kirchmann
Vorwort: Reinhard Bochmann, Ruth Kirchmann

Illustrationen: Thilo Krapp, Berlin
Grafik: Bernd-Christian Speckin, Mülheim an der Ruhr

Neue Deutsche Schule Verlagsgesellschaft mbH
Nünningstraße 11
45141 Essen
Fon 0201 2940306
Fax 0201 2940314
mail: info@nds-verlag.de
www.nds-verlag.de

Copyright: Neue Deutsche Schule Verlagsgesellschaft mbH, Essen, 2008
ISBN 10: 3-87964-313-X
ISBN 13: 978-3-87964-313-4

Vorwort

Vielen Dank!

In den letzten Jahren haben wir bei der Weiterentwicklung des Konzepts des Kooperativen Lernens von vielen Menschen große und vor allem ermutigende Unterstützung erfahren. So konnten wir aus unseren Fortbildungsveranstaltungen mit Lehrern aller Schulformen immer auch wertvolle Anregungen und interessante Gedanken mitnehmen, die unsere weitere Arbeit bereicherten.

Gleichzeitig haben wir stets spüren können, wie groß und ernsthaft das Interesse der Kollegen war, für ihre Schüler und mit ihren Schülern eine Lernkultur zu entwickeln, die freudvolles, erfolgreiches Lernen und ein von Akzeptanz geprägtes soziales Miteinander entstehen lassen. Die Idee einer ganzheitlichen Erziehung, die inhaltliches, methodisches und soziales Lernen in eine sinnvolle, den Kindern dienende Verbindung bringt, war für unsere Kollegen stets eine starke Motivation, sich mit dem Kooperativen Lernen zu beschäftigen.

Mit großer Freude konnten wir in den Workshops feststellen, dass die von uns vorgestellten pädagogischen Sichtweisen und methodischen Verfahren des Kooperativen Lernens von den Kollegen als sinnvolle und vor allem praktische Möglichkeit gesehen wurden, ihre pädagogischen Ziele zufriedenstellender umzusetzen. Für das große Interesse und die hohe Motivation unserer Kollegen möchten wir uns ganz herzlich bedanken. Ganz besonders bedanken möchten wir uns auch bei unseren Lehramtsanwärtern, die in den letzten Jahren im Seminar das Kooperative Lernen kennen gelernt haben und mit viel Eifer und Sachverstand an die praktische Umsetzung gegangen sind. Wir haben so zahlreiche didaktisch und methodisch hervorragend gelungene kooperative Unterrichtsstunden erleben dürfen.

Ludmilla Keller, Lisa Kreuels, Sandra Röder und Karolina Wysocki haben uns freundlicherweise Teile ihrer kooperativen Unterrichtsarbeit zur Verfügung gestellt und uns bei der Arbeit an diesem Buch damit sehr unterstützt. Wir sind stolz darauf, dass wir diese Lehrerinnen ausbilden durften.

Reinhard Bochmann　　　　　*Ruth Kirchmann*

Inhalt

Was Sie von diesem Buch erwarten können

Seit Erscheinen unseres ersten Buches **„Kooperatives Lernen in der Grundschule"** haben wir bundesweit in zahlreichen Fortbildungsveranstaltungen und Workshops mit Lehrerkollegien das Konzept des Kooperativen Lernens darstellen dürfen. Die vielen positiven Rückmeldungen aus den Kollegien waren für uns überwältigend. Immer wieder konnten wir erfahren, dass die durchgehend praxisorientierte Darstellung des Kooperativen Lernens sehr hilfreich für eine direkte Umsetzung in der Unterrichtspraxis war.

Auch Lehrer anderer Schulformen (Sonderschulen, Hauptschulen Gymnasien und Gesamtschulen), die Schüler der Orientierungsstufe unterrichteten, waren sehr interessiert an unserem Verständnis des Kooperativen Lernens. Sie alle waren mit uns der Meinung, dass die Gestaltung der Schnittstelle zwischen Grundschule und weiterführenden Schulen eine größere Beachtung verdient. Denn Schüler der Grundschule, die nach dem Konzept des Kooperativen Lernens unterrichtet werden, besitzen eine große Methodenkompetenz, eine hohe sozial orientierte Verantwortlichkeit sowie eine überdurchschnittliche Lern- und Leistungsbereitschaft. Diese grundlegenden, von der Grundschule entwickelten Fähigkeiten der Schüler gilt es in den weiterführenden Schulen zu nutzen. Zahlreiche regionale und lokale Projekte der Kooperation zwischen Schulen, die den Übergang von Grundschülern in weiterführende Schulformen begleiten, geben ermutigende Signale, dass dieser Prozess der pädagogischen Integration zukünftig intensiviert wird (Jampert u. a., 2005).

Auch in der zweiten Phase der Lehrerausbildung ist das Konzept des Kooperativen Lernens schon längst angekommen. Zahlreiche Studienseminare bieten mittlerweile ihren Lehramtsanwärtern Workshops an, die den jungen Kollegen helfen, ihr Methodenrepertoire zu erweitern und ihre Unterrichtsarbeit auf ein qualitätsvolles Niveau hin zu professionalisieren. Wir haben uns deshalb gerne und mit unverminderter Motivation entschlossen, diese Thematik für die Grundschularbeit weiter zu entwickeln und zu vertiefen. Seit Erscheinen unseres ersten Buches haben wir im eigenen Unterricht und vor allem in der Aus- und Fortbildung von Lehrern zahlreiche neue, wertvolle Erfahrungen und Anregungen sammeln können, die wir Ihnen auch in diesem neuen Buch in der bewährten praxisorientierten Art darstellen möchten.

Wir wollen unserem Prinzip treu bleiben, das Kooperative Lernen als Konzept für ein ganzheitlich orientiertes Unterrichtshandeln zu verstehen, in dem diejenigen Aspekte pädagogischer Arbeit in den Vordergrund gerückt werden, die das Lernen von Schülern positiv beeinflussen. Nachhaltiger Lernerfolg und eine stabile Leistungsmotivation von Schülern lassen sich nur erreichen, wenn die Unterrichtsarbeit und die eingesetzten Methoden eine demokratisch gerichtete soziale Entwicklung der Kinder und Jugendlichen begünstigen und eine von den Schülern in Eigenverantwortung mitgetragene demokratische Lernkultur entwickeln.

Kooperatives Lernen will kein weiteres „Methodenfestival" eröffnen, denn ein größeres Repertoire an Unterrichtsmethoden allein ist noch keine Garantie für eine Qualitätsverbesserung des Unterrichts. Es muss vielmehr auf eine Methodik des Unterrichtens und Lernens hingearbeitet werden, die auf die individuellen Talente und Lernbedürfnisse von Schülern ernsthaft vertraut und sinnvolle Methoden der Schüleraktivierung bereithält.

„It is one of the greatest ironies and tragedies of our educational system that we come to settle generally and almost exclusively on autocratic classroom structures as methods to prepare students for participation in a democracy.

What missed opportunity!"

(Norm and Kathy Green, Mönchengladbach, 2004)

In diesem Buch werden Ihnen auch die Methoden wieder begegnen, die Sie bereits in unserem ersten Band kennen gelernt haben (Bochmann/Kirchmann, 2006). Wir stellen sie aber in neue Zusammenhänge und zeigen Ihnen insbesondere, wie sie im Rahmen einer Unterrichtseinheit miteinander in eine wirkungsvolle Verbindung gebracht werden können. Sie können also ihr Wissen und Ihr Können im Umgang mit diesen Methoden vertiefen. Aber wir bieten auch eine Anzahl von neuen Methoden und Verfahrensweisen des Kooperativen Lernens an, die sich im Verlauf der Jahre in der Grundschulpraxis bewährt haben. Dabei konzentrieren wir uns auf die typischen Standardsituationen des Unterrichtens, die jeder Lehrer täglich in seinem Unterrichtsalltag bewältigen muss und die er mit den Prinzipien des Kooperativen Lernens erfüllen und realisieren kann.

Unsere Hauptintention besteht jedoch darin, Ihnen einfache Wege zur Realisierung eines kooperativ ausgerichteten Unterrichts aufzuzeigen. Sie sollen erfahren, wie Sie Schritt für Schritt die Elemente dieses Konzepts stärker in Ihre Arbeit einbringen und wie Sie Ihre Schüler mit den grundlegenden Methoden vertraut machen können. Wir wollen vor allem darstellen, wie man eine kooperative Unterrichtsstunde im Fach Deutsch sinnvoll planen kann. Intention unseres Buches ist es, einen Beitrag zu liefern, wie das Konzept des Kooperativen Lernens didaktische und methodische Sichtweisen des Deutschunterrichts in der Grundschule nachhaltig verändern kann. Wir wollen aufzeigen, dass bislang miteinander konkurrierende oder ohne Beziehung zueinander stehende Lehr- und Lernformen des Deutschunterrichts durch die Einbindung kooperativer Lernmethoden eine neue Art der Harmonisierung erfahren, um sinnvolle Synergieeffekte für die Aufgabenbereiche und Aufgabenschwerpunkte der einzelnen Lernbereiche des Faches Deutsch zu erreichen.

Gerade der Deutschunterricht ist für den Einsatz der kooperativen Lernmethoden geeignet, da hier Sprache in der Funktion als Lerngegenstand und Lernmedium stets gleichzeitig als Aufgabenbereiche wirken. Zudem werden dort die Grundfertigkeiten des Lesen, des Schreibens und des Kommunizierens erarbeitet, die für alle Fächer der Grundschule eine entscheidende Bedeutung haben. Es kann nur von Vorteil für Lehrer und Schüler sein, wenn man der bekannten didaktischen Forderung, jeder Unterricht müsse zugleich auch Sprachunterricht sein, wieder konsequenter folgt. Dennoch glauben wir, dass Sie die in diesen Unterrichtsmodellen realisierten methodischen Muster auch auf jeden anderen Fachunterricht der Grundschule übertragen können. Sie werden bald ein Gefühl dafür entwickeln, in welchen Lernsituationen der Einsatz des kooperativen Lernkonzepts sinnvoll ist und hilft, das Arbeits- und Lernverhalten sowie das Leistungsniveau der Schüler zu fördern.

Vielfältige Probleme, die bei der Planung und Durchführung eines kooperativen Unterrichts auftreten können, haben wir in unserer Praxis selbst erfahren. Aber auch die Möglichkeiten eine Lösung zu finden. Dabei haben wir erkannt, dass kooperatives Unterrichten nicht leicht ist und einige Erfahrung und Übung im Umgang mit den Methoden erfordert (Green/Green, 2005). Dieser Lernprozess benötigt sowohl bei den Schülern als auch bei Lehrern eine gewisse Zeit. Unsere persönliche Erfahrung zeigt, dass man einige Wochen oder Monate benötigt, um sicher in der Planung und Durchführung kooperativer Unterrichtsstunden zu werden. Haben Sie also mit sich selbst und Ihren Schülern eine gewisse Gelassenheit und Geduld, aber auch das nötige Selbstvertrauen, um die Lernkultur in Ihrer Schule oder Klasse zu verändern.

Einen großen Teil dieses Buches nimmt die Darstellung von kooperativ gestalteten Unterrichtsmodellen zum Deutschunterricht in der Grundschule ein. Diese Unterrichtsstunden sind alle in der Praxis entstanden und von Lehrern erprobt worden. Sie stellen modellhaft dar, welche Methoden in welchen Unterrichtsphasen sinnvoll eingesetzt werden können und wie man Probleme während der Anwendung in den Griff bekommen kann. Dazu erhalten Sie alle wichtigen Unterrichtsmaterialien zum Kooperativen Lernen als Kopiervorlagen, so dass sie diese Unterrichtsmodelle ohne Umwege und großen Aufwand selbst ausprobieren können. In diesen Unterrichtseinheiten sind insbesondere die kooperativen Methoden in der Planung und Gestaltung in den Vordergrund gerückt worden, die wir in unserem ersten Buch zum Kooperativen Lernen in der Grundschule bereits ausführlich vorgestellt haben (Bochmann/Kirchmann, 2006).

Wir haben für dieses Buch sowohl Unterrichtsstunden ausgewählt, die nur wenige und einfach zu realisierende Elemente des Kooperativen Lernens enthalten als auch solche, die bereits sehr komplexe kooperative Lernarrangements bieten. Die ausgewählten Unterrichtsstunden beziehen sich zwar ausschließlich auf Themen des Deutschunterrichts in der Grundschule. Sie können die darin entfaltete grundlegende Methodik des kooperativen Unterrichtens aber leicht auch auf andere Fächer der Grundschule übertragen.

Wie kein zweites Fach in der Grundschule ist gerade der Deutschunterricht geeignet zu zeigen, wie die Aufgabenschwerpunkte eines Faches mit kooperativen Verfahren unter hoher Selbsttätigkeit und Selbstverantwortlichkeit der Schüler erarbeitet werden können. Die in den kooperativen Methoden stets implementierte Entwicklung der kommunikativen Kompetenzen und der Fähigkeiten zur Teamarbeit sowie die kontinuierliche Lernunterstützung des einzelnen Schülers sind eine didaktisch notwendige Voraussetzung für erfolgreiches inhaltliches Lernen schlechthin. Gerade Sprachlernprozesse vollziehen sich im

Rahmen von Kommunikation, sozialer Unterstützung und Zusammenarbeit und durch selbsttätige Eigenerfahrung besonders günstig. Nicht zuletzt kann man als Lehrer mit kooperativen Lehr- und Lernstrategien der berechtigten Forderung nach größerer Individualisierung des Lernens besser gerecht werden.

> **„Zu wissen, wie Kooperatives Lernen reibungslos funktioniert, ist das A und O des erfolgreichen Unterrichtens. Es ist genau das, was Lehrer brauchen, die sich in ihrer Unterrichtszeit vor allem auf die Kinder und ihre individuellen Bedürfnisse konzentrieren wollen."**
> *(Norm und Kathy Green, Mönchengladbach, 2006)*

Kooperatives Lernen und Deutschunterricht

1.

Sprache als Unterrichtsgegenstand und Lernmedium im Deutschunterricht

Selbstverständlich ist das Konzept des Kooperativen Lernens für jeden Fachunterricht geeignet. Seine Ziele und Methoden unterstützen die didaktischen Intentionen aller schulischen Lernbereiche. Die unmittelbare Lernunterstützung des einzelnen Schülers, ein hoher Grad an Schüleraktivierung, die Entwicklung von kommunikativen und sozialen Kompetenzen sowie die Heranbildung von methodischem Fertigkeiten sind Aspekte, die in allen Fächern zu optimierten Lernergebnissen führen können. In kooperativen Lernprozessen wird der einzelne Schüler mit Aufgaben- und Problemstellungen konfrontiert, die er grundsätzlich teamorientiert bearbeiten kann. Dabei kann er auf die Ideen, Vorschläge, Gedanken und die Unterstützung der anderen Team-Mitglieder vertrauen und zurückgreifen. Er erfährt auf diese Weise schulisches Lernen als eine partnerschaftlich zu lösende Lebenssituation, die nicht durch Elemente der Konkurrenz oder Versagensängste die eigene Motivation zum Lernen und Arbeiten in der Schule beeinträchtigt (Borba 1989).

Wir glauben, dass insbesondere der Deutschunterricht für den Einsatz des Kooperativen Lernens geeignet ist. Seine grundlegenden didaktischen Intentionen besitzen eine hohe Affinität zu den Zielen des Kooperativen Lernens (Baurmann, 2007). Denn der Deutschunterricht hat als Besonderheit im Gegensatz zu anderen Unterrichtsfächern das Kommunikationsmittel Sprache sowohl als Lerngegenstand als auch als Lernmedium stets gleichzeitig zu bewältigen. Dieser duale Aspekt erfordert besondere Überlegungen und didaktische sowie methodische Entwürfe, die Synergieeffekte für beide Lernebenen erreichen können.

Ein Deutschunterricht, der nicht beide Seiten dieser Problematik in den Blick nimmt, wird kaum zu zufrieden stellenden Lernergebnissen kommen können, insbesondere dann nicht, wenn die Art und Weise der Vermittlung des **Lerngegenstandes Sprache** einen adäquaten Einsatz des **Mediums Sprache** vernachlässigt. Das Erarbeiten von Einsichten in das System Sprache und die Art und Weise des Sprachgebrauchs während dieses Lernprozesses sind im Interesse der Schüler in eine harmonische Passung zu bringen. Es ist ein Widerspruch in sich, wenn das Lernen innerhalb des Deutschunterrichts überwiegend lehrerzentriert, buchorientiert oder arbeitsblattorientiert verläuft und den Schülern wenig Raum für eine soziale, das Lernen unterstützende Interaktion eingeräumt wird. Für jeden Deutschlehrer stellt sich daher die didaktische Aufgabe, Einsichten, Kenntnisse und Fertigkeiten der Schüler zum System Sprache in sozial und kommunikativ angemessenen sowie demokratischen Lernarrangements zu erarbeiten, um auf diesem Wege eine didaktisch sinnvolle Verknüpfung zwischen

Prozessen des inhaltlichen Lernens und der Förderung eines sozial orientierten Kommunikationsverhalten der Schüler herzustellen.

Nur so kann der Gefahr eines abstrakten, eher formal ausgerichteten Deutschunterrichts und damit einer für die Schüler freudlosen Beschäftigung mit der deutschen Sprache begegnet werden.

Kommunikation und Kooperation als Motor für individuelles Lernen

Alle Aufgabenschwerpunkte des Faches Deutsch besitzen ein hohes Kommunikationspotenzial, dessen Ausschöpfung im Unterricht häufig nicht zufrieden stellend realisiert wird. Rechtschreiben, Texte schreiben, Texte lesen und verstehen und Sprache reflektieren sind Lernprozesse, für deren erfolgreiches Bestehen die Schüler einen hohen Gesprächsbedarf haben. Sie benötigen Lernmethoden, in denen sie das Medium Sprache gezielt und strukturiert einsetzen können, um den Anforderungen der Lerngegenstände des Faches Sprache genügen zu können und gleichzeitig Sprachinteresse zu entwickeln.

Bei der Planung und Durchführung des Unterrichts muss man sich als Lehrer vergewissern, ob man für die sprachliche Aufgabenstellung den Schülern genügend kommunikative Lernsituationen ermöglicht hat, um jeden Einzelnen optimal zu unterstützen. Denn eine sachgemäße und durch Methoden geordnete Kommunikation über einen Lerngegenstand ist für Schüler ein unverzichtbares Mittel zum Lernen. Insofern erweist sich das **Medium Sprache** geradezu als Motor für den **Lerngegenstand Sprache**. Es muss im Deutschunterricht immer darum gehen, die Kenntnisse und Fertigkeiten der Schüler in den einzelnen Lernbereichen des Faches zu entwickeln und gleichzeitig deren kommunikative Fähigkeiten zu fördern, indem man für sinnvolle, dem sprachlichen Lernen dienende Gesprächssituationen Sorge trägt. Die Methoden des Kooperativen Lernens bieten für diese besondere Herausforderung Erfolg versprechende Lösungen an. Denn alle dort eingesetzten Verfahren bauen auf die sachorientierte und erfolgreiche Kommunikation zwischen Schülern, die die Grundlage für eine dem Lernen dienliche Kooperation erbringen soll. Die Methoden des Kooperativen Lernens sind ohne Ausnahme so strukturiert, dass die soziale und sprachliche Interaktion der Schüler untereinander innerhalb eines klaren Ordnungsrahmens geschieht und dadurch – mit zunehmender Erfahrung der Schüler – ermutigende Lernerfolge und ein erfolgreiches, sozial orientiertes, partnerschaftliches Kommunizieren möglich werden. Häufige Akte der gelungenen, sachorientierten Kommunikation führen zu einer besseren Vertiefung und Vernetzung von Gelerntem (Spitzer, 2002). Auf diese Weise erhält der einzelne Schüler in der Teamarbeit genau die individuellen Lernhilfen, die für ihn sinnvoll und notwendig sind. Gleichzeitig fördern partnerschaftliche Gesprächssituationen die Bereitschaft der Schüler, Verantwortung für das eigene Arbeits- und Lernverhalten zu übernehmen und andere dazu zu ermutigen. Insofern eröffnen kommunikativ gestaltete Elemente der Schüleraktivierung dem Schüler neue Möglichkeiten für eine individuelle Verarbeitung der angebotenen Lerngegenstände des Faches Deutsch.

Metakommunikation als Wegbereiter für die Optimierung von Lernprozessen

Die im Kooperativen Lernen kontinuierlich eingesetzten Methoden des **Group-Processings (Gruppenevaluation)** tragen dazu bei, dass kooperative und kommunikative Fähigkeiten durch die Schüler selbst beobachtet und reflektiert werden und einen andauernden Optimierungsprozess durchlaufen. In Situationen der gemeinsamen Unterrichtsreflexion im Team werden immer verschiedene Ebenen des Lernprozesses gleichmäßig bearbeitet. In den Blick der Schüler geraten sowohl inhaltliche und methodische als auch kommunikative und die Kooperation betreffende Aspekte ihrer Arbeit. Dennoch geht es bei Phasen der Metakommunikation nicht nur um die Optimierung der Teamarbeit. In diesen Situationen ist auch immer die Intention im Blick, dass der einzelnen Schüler seinen persönlichen Beitrag und seine individuellen Erfahrungen mit einem Thema oder einer Arbeitsmethode reflektiert, auswertet und gemäß seiner Lernbiographie zu nutzen lernt. Gemeinsames Reflektieren im Team gibt immer auch Impulse für die Selbstreflexion des einzelnen Schülers.

Die sichtbar ganzheitliche Förderung der individuellen Lernfortschritte der Schüler kann erreichen, dass inhaltliches Lernen im Deutschunterricht begleitet wird von kommunikativem Lernen und auf diese Weise sowohl der **Lerngegenstand Sprache** als auch das **Lernmedium Sprache** für jeden Schüler eine angemessene Beachtung erfahren. Die Schüler entdecken mit der Zeit den Stellenwert, den Sprache für das Lernen an sich besitzt. Eine wichtige Dimension in den Gesprächsphasen der Arbeitsteams ist daher der Aufbau und die Förderung einer Bildungs- und Lernsprache. Es entwickelt sich eine metasprachliche Begriffsbildung der schulischen Lernkultur, deren Verständnis und angemessener Gebrauch für das Lernen der Schüler unerlässlich ist. Fachbegriffe des Systems Sprache können so im wörtlichen Sinne sprachhandelnd begriffen werden und finden Eingang in die aktive Sprachkompetenz der Schüler.

Die Wirksamkeit solcher Situationen der Metakommunikation ist für die Schüler größer, wenn man zum Thema macht, was geglückt bzw. erfolgreich verlaufen ist. Ein Gespräch über die Stärken der Schüler ist pädagogisch prinzipiell wertvoller als das Aufarbeiten von Defiziten. Es fördert die Entwicklung eines positiven Selbstwertgefühls der Schüler und besitzt eine zentrale Schlüsselfunktion für den Aufbau einer stabilen Lernmotivation. Natürlich soll auch reflektiert werden, was aus der Sicht der Schüler inhaltlich, kooperativ und kommunikativ optimierungswürdig ist. Hier sollen konstruktive Vorschläge von Lernpartnern dem einzelnen Schüler Ideen und Zugänge für sein individuelles Lernverhalten eröffnen.

Die Methoden des **Group-Processings** im Kooperativen Lernen sind demnach als Situationen der Metakommunikation zu verstehen, die einerseits das Lernen im Team optimieren helfen, andererseits auch dem einzelnen Schüler eine Tür öffnen, um sein individuelles Lernverhalten zu erkennen, Selbstwertgefühl zu entwickeln und für sich selbst individuelle Entscheidungen zu treffen.

Entwicklung einer demokratischen Gesprächskultur

Es ist sicher unbestritten, dass in einer demokratischen Gesellschaft die Schule Verantwortung für eine demokratische Erziehung der ihr anvertrauten Schüler übernehmen muss.

Dazu bedarf es aber Lern- und Arbeitsstrukturen innerhalb von Schule und Unterricht, die systemisch so ausgelegt sind, dass ein demokratisches Miteinander wirklich möglich ist.

Eine gut funktionierende Schülermitverwaltung allein kann die Aufgabe einer demokratischen Erziehung nicht ausreichend erfüllen. Wesentlich erfolgversprechender lassen sich demokratische Verhaltensweisen erreichen, wenn die **Unterrichts- und Lernarbeit auch auf der methodischen Ebene demokratisch organisiert** ist, so dass die Schüler dieses Prinzip in ihrem Unterrichtsalltag ständig ernsthaft und verlässlich erfahren und erlernen können (Green/Green, 2005). Lehrmethoden, die auf eine mehr oder minder starke Lehrerorientierung oder Lehrersteuerung bauen, können Erziehungsziele des demokratischen Lernens nur bedingt erfüllen.

Das Konzept des Kooperativen Lernens bietet sinnvolle praktische Ansätze, um demokratische Strukturen mit den Schülern zu entwickeln. Alle angebotenen Methoden fördern die aktive, demokratisch orientierte Auseinandersetzung der Schüler über sachorientierte Themen. Das gemeinsame Gespräch ist durchgehend die Grundlage und der Träger des gemeinsamen Lernens in Teams. Dies kann nur gelingen, wenn jeder innerhalb des Teams angemessen beteiligt und sozial integriert ist und die Schüler das eigene Lernen auch wirklich als „ihre eigene Sache" annehmen können. Innerhalb der kooperativen Methoden lernen die Schüler, dass ein demokratisches Sprechen miteinander die besten Bedingungen für das Zusammenleben und ihr eigenes Lernen bietet. Nicht Konkurrenz, sondern partnerschaftliche Unterstützung führt zum erfolgreichen und stabilen Lernen.

Das Konzept des Kooperativen Lernens versteht sich in diesem Sinne auch als Beitrag zur Emanzipation, als ein Erziehungs- und Unterrichtskonzept, das solidarisches und demokratisches Handeln für die Schüler bereits durch die Form der Unterrichtsgestaltung erfahrbar und erlernbar machen möchte (Tymister/Wallrabenstein, 1982). Es ist ausdrücklich kein wertfreies methodisches Instrument, sondern versteht sich als Unterrichtskonzept im **Sinne einer humanistischen und demokratischen Sichtweise von Schule und Unterricht** (Joyce/Weil/Showers, 1992).

Die Ausbildung und die Nutzung eines demokratischen Kommunikationsstils während des Lernprozesses ist in diesem Unterrichtskonzept ein zentrales, unverzichtbares Anliegen.

Die Entwicklung demokratisch orientierter Kommunikationskompetenzen kann insbesondere im Rahmen des Deutschunterrichts grundlegend geleistet werden, ist jedoch unbedingt auch als durchgängige Aufgabe in allen Unterrichtsfächern zu verfolgen (Bartnitzky, 2001).

Bewährte Konzepte des Deutschunterrichts kooperativ gestalten

Die Methoden des Kooperativen Lernens sind vielseitig einsetzbar und mittlerweile bewährt in allen Lernbereichen und bei allen Themen des Deutschunterrichts.

Einen besonderen Beitrag liefern sie für die Lernentwicklung und die Lernziele im Bereich des mündlichen Sprachhandelns. Das Konzept des Kooperativen Lernens ermöglicht im Unterschied zu vielen anderen Konzepten des Sprachunterrichts die integrative, durchgängige Förderung des mündlichen Sprachhandelns in allen Situationen und Lernbereichen des Deutschunterrichts (Boettcher/Otto/ Sitta/Tymister, 1976). Denn die Basis für das Lernen und Arbeiten im Team sind partnerbezogene und sachorientierte Gesprächssituationen, welche auf methodischen Abläufen beruhen, die jedem einzelnen Schüler innerhalb des Teams eine komplementäre Rolle zuweisen und so für eine gleichmäßige Kommunikationsbeteiligung der Team-Mitglieder sorgen. Die Ziele und Aufgabenschwerpunkte des Lernbereichs „Mündliches Sprachhandeln" sind demnach bei der Bearbeitung aller Themen und Lerngegenstände des Deutschunterrichts im Fokus der Schüler und werden genutzt, um Problem- und Aufgabenstellungen des Faches im Team zu bearbeiten. Kommunikative Kompetenzen werden durch kooperative Methoden fortwährend in Anwendungssituationen entwickelt.

Kommunikatives Lernen geschieht in der Regel nicht in isolierten, simulierten Trainingssituationen. Kommunikation erhält im Kooperativen Lernen eine realistische, authentische Funktion. Sie ist die Ebene, auf deren Grundlage die Schüler partnerschaftlich miteinander lernen (Borba, 2002).

Viele grundlegende Aufgabenschwerpunkte des Deutschunterrichts wie **Textrezeption, Textproduktion, Rechtschreibung oder Sprachreflexion** können methodisch kooperativ gestaltet werden. Eine kooperative Bearbeitung bringt für die Schüler eine Fülle von lernpsychologischen Vorteilen (Baurmann/Müller, 2003).

Die deutlich größere Aktivität der Schüler innerhalb der Teams führt zu einer insgesamt intensiveren, sachorientierten Auseinandersetzung mit den gestellten Aufgaben. Jeder Schüler ist innerhalb des Teams durch seine spezifische Arbeitsrolle integriert und gefordert. Gleichzeitig sind die Gedanken, Vorschläge und Arbeitsbeiträge der Team-Mitglieder für den einzelnen Schüler fortwährend hilfreiche Impulse, um sein individuelles Lernen zu fördern. Die unmittelbare, direkte Lernunterstützung innerhalb der Teamarbeit kann Verständnis- oder Lernprobleme des einzelnen Schülers zeitnah behandeln, also an den Stellen Klärung herbeiführen, wo der Schüler einen Bedarf für sich erkennt und nicht erst nach Beendigung einer Arbeit. Dadurch können viele frustrierende Irrwege, Lern- und Arbeitsprobleme vermieden werden. Insgesamt ist zu erwarten, dass der einzelnen Schüler durch die Impulse und die Lernunterstützung der Team-Mitglieder bessere und nachhaltigere Lernleistungen erbringen wird.

Die in diesem Buch vorgestellten Unterrichtsmodelle geben Beispiele, wie man in den unterschiedlichen Jahrgangsstufen die grundlegenden Aufgabenstellungen und Lernprozesse des sprachlichen Lernens im Fach Deutsch durch den Einsatz kooperativer Methoden ergänzen kann. In allen Beispielen ist zu sehen, wie im Deutschunterricht die stets vorhandenen Aspekte „Sprache als Lerngegenstand" und „Sprache als Lernmedium" in eine sich gegenseitig fördernde Beziehung gebracht werden können, um das sprachliche Lernen der Schüler ganzheitlich zu unterstützen.

Durchgängige Sprachförderung für Kinder mit Migrationshintergrund

Das Konzept des Kooperativen Lernens kann einen wichtigen Beitrag liefern, die Sprachentwicklung von Kindern mit Migrationshintergrund nachhaltig und durchgängig zu fördern.

Derzeit werden aufgrund der unbefriedigenden Ergebnisse in den OECD-Studien (Baumert, 2000) für Deutschland in allen Bundesländern große Anstrengungen unternommen und erheblich größere Ressourcen bereit gestellt, um die sprachliche und gesellschaftliche Integration dieser Schüler zu fördern.

Insbesondere an der Schnittstelle von Kindergarten und Grundschule versucht man mit Hilfe von Sprachstandserhebungsverfahren den Sprachentwicklungsstand zu ermitteln. Ziel ist, mit meist kompensatorischen Förderkonzepten individuelle Sprachdefizite auszugleichen, damit diesen Schülern, mit einem „geminderten Handicap" belastet, die Möglichkeit einer erfolgreichen Lernentwicklung erhalten bleibt (Roth, 2008).

In den letzten Jahren war gerade die Grundschule, was die Effizienz der sprachlichen Förderung angeht, erfolgreicher als andere Schulformen. Der Leistungsunterschied zwischen Kindern mit Deutsch als Muttersprache und Kindern mit Migrationshintergrund war bei weitem nicht so gravierend wie in den weiterführenden Schulen (IGLU).

Ein wesentlicher Grund für diese positivere Einschätzung ist wohl in der Tatsache zu sehen, dass die Grundschuldidaktik sich im letzen Jahrzehnt verstärkt gegenüber Lehr- und Lernformen geöffnet hat, die Elemente der Schülerorientierung und Schüleraktivierung sowie den variablen Einsatz von Sozialformen des gemeinsamen Lernens favorisieren. Offensichtlich finden Schüler mit Migrationshintergrund unter diesen Lernbedingungen quantitativ und qualitativ mehr Motivationsanreize und Impulse für das Erlernen der deutschen Sprache. Die durchgängige sprachliche Förderung in allen Fächern und Lernbereichen konnte auch deshalb besser gelingen, weil die Grundschule nach wie vor mehr oder weniger konsequent organisatorisch eine Form des Klassenlehrerprinzips realisiert. Die Schüler werden zumindest in mehreren Kernfächern von ihrem Klassenlehrer sprachlich gefördert. Auf diese Weise werden ihre Sprachkompetenzen über das Niveau des umgangssprachlichen Gebrauchs hinaus erweitert und auf das Erlernen der für den schulischen Erfolg so wichtigen **Bildungs- und Lernsprache** grundlegend vorbereitet (Bainski/Krüger-Potratz, 2008).

Die Methoden des Kooperativen Lernens können die Effekte dieser im Grunde richtigen Förderarbeit noch einmal nachhaltig unterstützen und stärken. Da in diesem Rahmen Sachprobleme und Lernaufgaben in Teamarbeit – bei hoher Eigenständigkeit der Schüler – durch strukturierte Kommunikationsabläufe gelöst und erarbeitet werden, ist die Chance für Kinder mit Migrationshintergrund für eine soziale und sprachliche Integration besonders hoch. Die intensive, sprachlich-diskursive Auseinandersetzung der Teams über Lerngegenstände und Lernmethoden und die dem Kooperative Lernen implizite gleichmäßige Beteiligung aller Team-Mitglieder am Gespräch erbringt eine Fülle von sprachlichen Anregungen und Lerngelegenheiten gerade auf der Ebene der Entwicklung einer Bildungs- und Lernsprache.

Ein weiteres, wichtiges Element für den Verlauf der sprachlichen Entwicklung der Schüler mit Deutsch als Zweitsprache besteht in der im Kooperativen Lernen pädagogisch stark geförderten Lernunterstützung, die die Schüler sich in den Teams gegenseitig geben. Sprachliche Probleme und Defizite können in den Arbeitsteams von allen Schülern direkt, an konkreten Beispielen und in authentischen Situationen geklärt und bearbeitet werden. Lernproblemen, die häufig auf sprachlichen Verstehensproblemen basieren, kann auf diese Weise früher und wirkungsvoller begegnet werden. Insgesamt führt diese Arbeitsweise bei den Schülern zu einer erhöhten Sprachaufmerksamkeit und längerfristig auch zu einer größeren Motivation zum Erlernen der deutschen Sprache und letztlich auch zu einem optimierten Lernerfolg (Bochmann/ Kirchmann, 2006).

Ein nicht zu unterschätzender Vorteil in der kooperativen Organisation des Unterrichts liegt darin, dass der einzelne Schüler, aktiviert durch die Teamarbeit, wesentlich mehr Sprechgelegenheiten erhält als in einem Unterrichtskonzept, das stärker auf Elemente der Lehrersteuerung angewiesen ist. In einer gut geplanten und gestalteten kooperativen Unterrichtsstunde sollte jeder Schüler im Vergleich zum agierenden Lehrer mindestens das Zehnfache an Sprechakten durchlaufen können. Die Lernaktivität und die Kommunikationsfrequenz liegen beim Kooperativen Lernen klar auf der Seite der Schüler. Die Schüler mit Deutsch als zweiter Sprache können unter solchen Bedingungen besser auf die sprachlichen Vorlagen und Muster der deutschsprachigen Schüler (native speakers) in ihren Teams zurück greifen und diese als Anregungen für ihr sprachliches Lernen nutzen. Durch die angestrebte sozialverträgliche (kooperative) Kommunikation in den Arbeitsteams wird zudem eine grundlegende Voraussetzung für die Integration der Schüler geschaffen. Die Schüler erfahren ihre Sprachentwicklung in Deutsch nicht defizitär, sie finden in der Teamarbeit eher Anerkennung und Ermutigung und entwickeln selbst mit der Zeit mehr Selbstbewusstsein und Motivation in der Anwendung der deutschen Sprache im Alltag und in Situationen des schulischen Lernens.

Für Schüler mit Migrationshintergrund ist es wichtig, dass sie diese Lern- und Kommunikationsbedingungen in möglichst vielen Fächern vorfinden. Erst dann ist eine durchgängige sprachliche Förderung konstituiert, die nachhaltige Effekte auch auf die Lernleistungen haben wird. Für Kinder aus zugewanderten Familien ist es von großem Vorteil für die Entwicklung ihrer sprachlichen Kompetenzen, wenn sie Strukturen der Schüleraktivierung und Situationen der kooperativen Kommunikation durchgängig vorfinden. Insbesondere in Ganztagsschulen sollte man solche sprachfördernden methodischen Elemente der Schüleraktivierung auch in die Arbeit während der Betreuung nach dem eigentlichen Unterricht integrieren (Köditz, 2008)

2. Schritt für Schritt zum Kooperativen Unterricht

Ein Orientierungsplan für den Einstieg in das Kooperative Lernen

Wenn man etwas in der eigenen Praxis grundsätzlich ändern will, ist aller Anfang bekanntlich schwer. Sind die ersten Schritte aber einmal gemacht und gelungen, ist der weitere Weg dann eher leicht.

Fehler, gerade zu Beginn der Einführung des Kooperativen Lernens können frustrierend sein und Lehrer wie Schüler verunsichern. Unserer Erfahrung nach ist daher die Art und Weise, wie man mit dem Kooperativen Unterrichten beginnt, durchaus eine Schlüsselfrage. Es gilt insbesondere darauf zu achten, dass man sich selbst als Lehrer und natürlich auch die Schüler nicht gleich überfordert. Sowohl der Lehrer als auch die Schüler müssen die Gelegenheit haben, sich über einige Wochen und Monate einzugewöhnen, um allmählich in eine andere Lernkultur hineinwachsen können (Green/Green, 2005).

Wir haben deshalb versucht, einen Wegeplan zum Kooperativen Unterricht zu entwickeln, um ihnen und ihren Schülern die Umstellung auf kooperative Arbeitsformen zu erleichtern. Zahlreiche Kollegen, die nun bereits seit Jahren in dieser Weise unterrichten und Teilnehmer unserer Fortbildungs-Workshops haben uns dazu wertvolle Hinweise und Anregungen gegeben.

Die ersten fünf Schritte

1. Beginnen Sie mit Partnerarbeit.

Die einfachste und für Schüler am leichtesten zu bewältigende Kooperationsform ist die Partnerarbeit. Die Kommunikation und Kooperation mit nur einem Teampartner und die dort gemachten Erfahrungen sind eine wichtige Basis für die spätere Arbeit in Gruppen.

2. Bilden Sie die Partnerteams zunächst mit Hilfe des Verabredungskalenders.

Der Verabredungskalender ist eine Mischung aus zufälliger und von den Schülern selbst beeinflusster Paarbildung. Die Schüler kennen ihre möglichen

Teampartner bereits und arbeiten mit jedem Partner mehrmals zusammen. Dies bringt allmählich Sicherheit und schafft die Grundlage dafür, später jeden nach dem Zufallsprinzip zugeteilten Partner als Teampartner zu akzeptieren.

3. Geben Sie dem Partnerteam eine gemeinsame Aufgabe, ein gemeinsames Ziel und erwarten Sie ein gemeinsames Ergebnis.

Die Schüler sollen von Anfang an lernen, dass wirkliche Teamarbeit mehr erfordert als nur miteinander zu arbeiten. Sie sollen begreifen, dass man gemeinsam zu gleichen Teilen eine Aufgabe lösen und ein Ziel erreichen muss. Jeder sollte den anderen Partner dabei bestmöglich unterstützen. Denn nur wenn beide zur Lösung der Aufgabe fähig sind und wenn beide das Ziel erreicht haben, ist die Teamarbeit wirklich erfolgreich gewesen. Die Schüler können hier die elementare Grunderfahrung machen, dass der Mitschüler kein Konkurrent um die Gunst des Lehrers ist, sondern ein Partner, der Hilfen geben kann und der seinerseits Hilfe benötigt. Geben sie daher den Partnerteams stets nur ein Arbeitsblatt, das sie in gleichen Teilen gemeinsam bearbeiten. Machen Sie von Anfang an deutlich, dass Helfen beim Lernen positiv und sinnvoll ist.

4. Setzen Sie das Pair-Check zur Organisation der Partnerarbeit ein.

Die Pair-Check-Methode bietet den Schülern eine klare Grundlage für die Organisation und den Ablauf der Teamarbeit. Sie klärt das Zusammenwirken der beiden Partner und stellt sicher, dass die gestellte Aufgabe zu gleichen Teilen von den Schülern erfüllt werden kann. Zudem ist die Aufgabe der gegenseitigen Lernunterstützung in dieser Methode als ein verbindlicher Aspekt der gemeinsamen Kooperation enthalten. Das Pair-Check ist im Deutschunterricht sehr vielseitig in allen Situationen des Übens, der Textrezeption und der Textproduktion einsetzbar.

5. Führen Sie die Würdigung und Wertung der Teamarbeit mit der Drei-Finger-Reflexion durch.

Die Schüler sollen die Erfahrung machen, dass es sich lohnt, die gemeinsame Zusammenarbeit zu betrachten und daraus zu lernen. Dies sollte aber immer konstruktiv gestaltet werden. Richten Sie als Lehrer den Blick ihrer Schüler besonders auf gelungene Aspekte der Teamarbeit und klären Sie auch mit den Schülern, was zu den positiven Ergebnissen beigetragen hat. Verhindern Sie unbedingt, dass die Schüler ihre Arbeit überwiegend defizitär betrachten. Mit Hilfe von Leitfragen können sehr unterschiedliche Ebenen der Teamarbeit (methodische, inhaltliche, soziale) gespiegelt werden. Zumindest für den Beginn ist es sinnvoll, sich auf eine oder zwei Fragen der Teamarbeit zu beschränken. Das Reflexionsgespräch sollte auf keinen Fall zeitlich ausufern, es sollte maximal zehn Minuten in Anspruch nehmen. Die Atmosphäre gegenseitiger Ermutigung sollte dabei durchgehend erhalten bleiben.

Die nächsten fünf Schritte

6. Führen Sie die Teamarbeit in Gruppen ein.

Zu Beginn ist es ratsam, ausgehend von zwei Paaren, die sich bereits gut kennen, zu einer Gruppenbildung zu gelangen. Die Zuteilung eines Paares zu einem anderen sollte aber dem Zufallsprinzip unterliegen. Bedenken Sie, dass Teamarbeit in der Gruppe bereits hohe Anforderungen an die Kommunikationsfähigkeit und das Sozialverhalten der Schüler stellt. Wenn die Schüler vorher aber in Partnerteams genügend Erfahrungen sammeln konnten, werden Startprobleme bei der Einführung der Teamarbeit in Gruppen schnell überwunden werden können (Cwik/Risters, 2004).

7. Setzen Sie vor Beginn der eigentlichen Arbeit verschiedene Contact-Activities ein.

Contact-Activities sind hervorragend geeignet, Kommunikationsschranken zwischen den Team-Mitgliedern zu beheben und sind der Anfang zum Aufbau einer Teamidentität, die eine unverzichtbare Basis für den Willen zur Kooperation darstellt. In der Regel stehen die Aufgabenstellungen nicht unbedingt mit dem späteren inhaltlichen Themen der Gruppenarbeit in Verbindung. Sie haben eher die Funktion, für eine angenehme, freudvolle und konstruktive Startphase im Team zu sorgen (Brüning/Saum, 2006).

8. Führen Sie das Placemat als Methode für die Gruppenarbeit ein.

Das Placemat ist eine leicht zu erlernende Methode für die Gruppenarbeit und für fast alle inhaltlichen Aufgabenstellungen geeignet. Sie hilft den Schülern, den Ablauf und das Zusammenwirken der gemeinsamen Teamarbeit zu ordnen. Im Rahmen der Arbeit mit Placemats wechseln Phasen der Einzelarbeit, der Partnerarbeit und der Gruppenarbeit miteinander ab. Die klare Abgrenzung der einzelnen Phasen führt zu einer hohen und gleichmäßig verteilten Aktivität aller Team-Mitglieder und sorgt damit gleichzeitig für eine zufriedenstellende Effizienz der Gruppenarbeit. Durch die Methode Placemat ist die Arbeit und das Gespräch des Teams durchgehend sachorientiert (Bochmann/Kirchmann, 2006).

9. Weisen Sie jedem Team-Mitglied eine besondere Rolle zu.

Jedes Team-Mitglied sollte während der Gruppenarbeit eine besondere Aufgabe für das Team zusätzlich übernehmen. Die Zuteilung der Rollen muss in der Regel zufällig geschehen. Dabei ist zu beachten, dass die Schüler die Rollen nicht untereinander tauschen. Die Ausführung der Rollenaufgaben unterstützt den einzelnen Schüler in der Übernahme von Verantwortung für das Team und ist ein Baustein zur Entwicklung eines teamorientierten Sozialverhaltens.

10. Unterstützen Sie die Elemente der Positiven Abhängigkeit.

Die neun Elemente der Positiven Abhängigkeit machen den Unterschied aus zwischen Teamarbeit im Sinne des Kooperativen Lernens und konventioneller Gruppenarbeit. Planen und organisieren Sie Ihren Unterricht so, dass mindestens drei der neun Elemente der Positiven Abhängigkeit zum Tragen kommen und die Teamarbeit erleichtern. Unterschätzen Sie die Wirkung der Aspekte der Positiven Abhängigkeit nicht. Sie sollten sie zu einer festen Größe in ihrer Unterrichtsplanung machen (Johnson/Johnson 1992)

Wenn Sie diese zehn Schritte gegangen sind, haben Sie in ihrer Klasse schon viel erreicht. Sie haben eine solide Grundlage geschaffen für alle weiteren Verfahren und Methoden des kooperativen Unterrichtens.

Bei ihren Schülern werden Sie jetzt bereits erstaunliche Veränderungen feststellen. Sie werden erkennen, dass sie über längere Phasen sehr konzentriert und sachorientiert arbeiten können und sozialverträglich miteinander umgehen. Vielleicht haben Sie auch bereits bemerkt, dass Sie jetzt seltener wegen Unterrichtsstörungen intervenieren müssen und sich stärker auf die Beobachtung und Beratung des individuellen Arbeits- und Lernverhaltens ihrer Schüler konzentrieren können. Erwarten Sie diese Erfolge aber nicht schon in der ersten Woche, planen Sie für diese ersten zehn Schritte mindestens vier Unterrichtswochen ein. Eine kooperativ gestaltete Unterrichtsstunde pro Tag reicht zunächst völlig aus, um Ihre Schüler auf weitere, komplexere kooperative Lernprozesse vorzubereiten.

Und so kann es weiter gehen:

◆ **Führen Sie einige neue Teambildungsverfahren für die Partner- und Gruppenarbeit ein:**
Memory, visuelle Puzzle, thematische Puzzle, Paardominos (Frankreich - Paris/Italien - Rom)

◆ **Entwickeln Sie das Sozialverhalten.**
Dies gelingt besonders gut, wenn sie das T-Chart dazu einsetzen. Gehen Sie in Reflexionsphasen häufig auf dieses Thema ein (Bochmann/Kirchmann, 2006).

◆ **Führen Sie wöchentlich eine neue kooperative Methode ein und setzen Sie diese in unterschiedlichen Themenbereichen ein:**
Karussell, um kurze Gesprächsphasen in direkter Kommunikation (face-to-face) zu gestalten

◆ **Schnittkreis**, um Partnerarbeitsphasen strukturiert durchzuführen

◆ **Team-Tournament**, um insbesondere Übungsphasen oder Inhalte, die memoriert werden müssen, zu unterstützen.

◆ **Lesezirkel**, um umfangreiche Texte oder komplexe Schreibaufgaben arbeitsteilig in Teamarbeit zu erledigen.

◆ **Gallery Tour**, um Arbeitsergebnisse zu präsentieren, zu sichten und zu ergänzen. Zusätzliche zielorientierte Beobachtungsaufgaben fördern dabei die sachorientierte Aufmerksamkeit der Schüler.

◆ **Graffiti**, um Situationen der Textrezeption, der Textproduktion, der gemeinsamen Unterrichtsplanung und des entdeckenden Lernens mit einem hohen Grad der Schüleraktivierung zu gestalten.

◆ **Meeting-Points**, um Gesprächssituationen zwischen den Schülern im Sinne der direkten Kommunikation (face-to-face) zu ermöglichen in Phasen des Meinungsaustausches, des Übens und Vertiefens von Lerninhalten.

◆ **Rasender Reporter (one stray, three stay)**, um Arbeitsergebnisse zwischen den Gruppen präsentieren, austauschen und vergleichen zu lassen.

◆ **Nutzen Sie den Wert von Graphic-Organizers für die visuelle Strukturierung von Themen, Meinungen und Problemen.**
In der Unterrichtspraxis haben sich vor allem die **Fischgräte**, der **Ideenplan**, das **Cluster** und die **Mindmap** als kindgerechte Verfahren bewährt.

◆ **Führen Sie weitere Methoden und Hilfen für die Reflexion der Teamarbeit ein:**
Zielscheibe, Teamcheck und Buddy-Book sind eine sinnvolle Ergänzung zur Drei-Finger-Reflexion und variieren die Reflexionsphasen methodisch (Weidner, 2003).

Für eine bestimmte Reihenfolge der Einführung der neuen Methoden gibt es eigentlich keine zwingenden Kriterien. Sie sollten ihre Entscheidung, welches neue Verfahren ihre Schüler als nächstes kennen lernen, eher von Ihren geplanten Lernzielen und dem Lernfortschritt ihrer Schüler abhängig machen. Führen Sie also eine neue Methode dann ein, wenn Sie glauben, dass sie besonders geeignet ist, den Lernprozess Ihrer Schüler hinsichtlich der Ziele zu optimieren. Wenn Ihre Schüler bereits einige Wochen erfolgreich mit kooperativen Verfahren gearbeitet haben, besitzen sie in der Regel die notwendigen Grundlagen und Voraussetzungen, um neue Methode zu erlernen und sachgemäß durchzuführen.

Achten Sie aber auch hier darauf, dass Sie die Schüler nicht überfordern. Ein neues Verfahren pro Unterrichtswoche ist völlig ausreichend und lässt die Schüler den notwendigen Überblick behalten. Nehmen Sie sich für den gesamten beschriebenen Prozess, also der Erarbeitung aller dargestellten Methoden mit Ihren Schülern ein ganzes Schuljahr Zeit.

Das Kooperative Lernen versteht sich als Konzept, mit dem der Lehrer sein methodisches Repertoire ergänzen kann, es hat also keinen Ausschließlichkeitsanspruch. Insofern haben Sie schon viel erreicht, wenn Ihre Schüler während ihres Schulalltags in einigen Unterrichtsstunden pro Woche mit kooperativen Methoden lernen.

Die verschiedenen Methoden des Kooperativen Lernens lassen sich sehr gut mit anderen Unterrichtsmethoden verbinden. Haben Sie deshalb keine Scheu, Lernverfahren, mit denen Sie persönlich positive Erfahrungen gemacht haben und die Sie gut beherrschen, mit kooperativen Methoden zu verknüpfen (Bochmann/Kirchmann, 2006).

Methoden-Toolbox

In den folgenden Kapiteln stellen wir ihnen kooperative Methoden vor, die Ihren Unterrichtsalltag bereichern und die Kommunikationsfähigkeit und soziale Kompetenz Ihrer Schüler steigern werden.

Viele der Methoden werden Ihnen bekannt erscheinen, aus unserem ersten Buch oder auch aus dem eigenen Methodenrepertoire. Umso besser: Sie organisieren Teile Ihres Unterrichts schon kooperativ.

Wir haben die Methoden ganz bewusst nach ihrer didaktischen Funktion geordnet, die Methode ist also Mittel zum Zweck, nicht etwa Selbstzweck. Die meisten kooperativen Methoden sind in ihrer Auslegung und ihrer Zielsetzung aber flexibel, das heißt, sie können in unterschiedlichen Unterrichtssituationen zum Erreichen des Lernziels beitragen. Um diese Flexibilität zu verdeutlichen, werden die grundlegenden Methoden teilweise doppelt in Erscheinung treten.

Die unten dargestellte Toolbox soll Mut machen, kooperative Methoden in einem gesicherten Zusammenhang auszuprobieren, aber auch dazu anregen, sie in neue Zusammenhänge zu bringen.

Methoden-Symbolkarten

Um den Unterrichtsablauf für die Kinder transparent zu machen verwenden wir Symbolkarten für die einzelnen methodischen Phasen des Unterrichts. Es hat sich für manche Lehrer als einfacher und übersichtlicher erwiesen, für die einzelnen Phasen Symbolkarten zu entwickeln als für jede einzelne Methode eine andere. So erkennen die Schüler die Karten schnell wieder und erhalten zu Beginn der Stunde einen guten Überblick über den Ablauf. Als Anhang der Unterrichtsreihen finden Sie trotzdem Methodenkarten für die konkret verwendeten Methoden, falls Sie diese lieber einsetzen.

1. Partnerfindung

2. Gruppenfindung

3. Gruppenfindung

4. Wiederholung/Vorwissen

5. Gemeinsam lesen mit Partner

6. Gemeinsam lesen in der Gruppe

7. Gemeinsam schreiben mit Partner

8. Gemeinsam schreiben in der Gruppe

9. Präsentieren

Partnerfindung

Gruppenfindung

Gruppenfindung

Wiederholung/Vorwissen

Gemeinsam lesen mit Partner

Gemeinsam lesen in der Gruppe

Gemeinsam schreiben mit Partner

Gemeinsam schreiben in der Gruppe

Präsentieren

Übersicht über die Methoden

Didaktische Intention	Methode	Seite
Aktivitäten zu Partner- und Gruppenfindung	• Finde einen Freund • Ergebnis -paare oder -gruppen • Schneeball • Gummibärchen • Märchenpaare oder -gruppen • Wortpaare • Atomspiel	31 31 32 32 33 33 34
Teamstärkende Aktivitäten (Contact Activities and Teambuilders)	• Architektenspiel • Grimassenkontest • Nobody´s Perfect • Messt das Team • Erzählkette mit Bildern • Finde einen Freund • Blinde Kuh	36 37 37 38 38 39 39
Stärkung des Selbstbewusstseins durch kooperative Aktivitäten	• Komplimente-Karte • Ich-bin-ich-Puzzle • Freundschaftsbuch • Bergsteiger	44 45 47 48
Methoden zur Aktivierung des Vorwissens/zur Wiederholung von Gelerntem	• Runder Tisch • Karussell • Vier-Ecken-Gespräch	51 52 52
Methoden zum gemeinsamen Lesen	• Lesezirkel • Pair-Check Lesen	56 57
Methoden zum gemeinsamen Schreiben und Überarbeiten von Texten	• Placemat zur Textplanung • Pair-Check-Überarbeitung • Schnittkreisdiktat • Schreibkette	59 59 60 61
Methoden zur Präsentation von Ergebnissen	• Meeting Points (Treffpunkte) • Rasender Reporter	64 64
Gruppenevaluation im Sinne des Kooperativen Lernens Übersicht über die Methoden	• Teamcheck • Teamlaufpass • Zielscheibe • Buddy-Book • Karussell	70 71 71 72 72

3.1 Wer mit wem? – Mehr Aktivitäten zur Partner- und Gruppenfindung

Ob Berufsanfänger oder erfahrener Lehrer, die ersten Schritte hin zu einer anderen, kooperativen Unterrichtskultur fallen niemandem einfach so in den Schoß. Zu lang haben wir in der eigenen Erfahrung als Schüler oder auch schon als Lehrer in konventionellen Lernarrangements gelernt und gearbeitet, die von Konkurrenz und Leistungsdruck auf den Einzelnen geprägt waren. Da wundert es viele, dass das kooperative Lernen den Schülern nicht die Freiheit lässt, ihre Partner für die Arbeit selbst zu wählen. Drängt doch die neue Offenheit auf eine möglichst große Selbstständigkeit der Schüler!

Kooperative Lernarrangements beinhalten bewusst das Ziel, dass in einer Lerngruppe jeder mit jedem zusammen arbeiten kann und soll. Dies geschieht nicht, um künstlich soziales Lernen zu initiieren oder „weil man sich das im späteren Leben auch nicht aussuchen kann", sondern weil Kooperatives Lernen darauf beruht, dass in einer heterogenen Gruppe jeder vom anderen profitiert. Und zwar nachhaltiger, als wenn jeder auch zum Arbeiten nur bei seinen peers, die sich auch meist leistungsmäßig auf einem ähnlichen Niveau befinden, verbleibt. Diese Erfahrung konnten wir auch in unseren Workshops vermitteln, in denen Kollegen, die bereits jahrelang zusammen gearbeitet hatten, hier zum ersten Mal miteinander intensiv ins Gespräch kamen. Die kooperativen Aktivitäten zur Partnerfindung und Gruppenbildung ermöglichten diese Zusammenarbeit, auch weil sie durch ihre nicht unbedingt berufsbezogenen Inhalte halfen, Berührungsängste und interpersonelle Schwellen zu überwinden.

Aus unserer Arbeit mit Lehramtsanwärtern und auch durch das Feedback, das wir von erfahrenen Lehrern erhalten, wissen wir, dass sie diese Aktivitäten als erstes in ihrem regulären Unterricht ausprobiert haben, vielleicht weil sie deren Erfolg und deren Dynamik am eigenen Leib erfahren haben. Sie lassen sich leicht und schnell durchführen, ohne dass das vertraute Unterrichtskonzept umgedacht werden muss. Sie zeigen recht schnell erste Erfolge auf dem Weg zu einem kooperativen Klassenraum: die Schüler „entdecken" ihre Mitschüler und akzeptieren durch die Aktivitäten die neuen Gruppenzusammenstellungen, wo es früher eher Streit um das Wer mit Wem gab.

Wegen des Alters und der meist noch positiv geprägten Selbstwertgefühle unserer Schüler genügt oft eine lustige Aktivität zur Partner- oder Gruppenbildung, um der Gruppe ein Gefühl von Gemeinsamkeit und Teamzugehörigkeit zu vermitteln. Wo das nicht gelingt und sobald anspruchvollere Ergebnisse von der Gruppe erwartet werden, sollte diesen Aktivitäten eine Kontaktaktivität oder wie in Kapitel 3.2 beschrieben eine teamstärkende Aktivität folgen.

Die hier aufgeführten Methoden zur Partner- und Teamfindung variieren in Inhalt und Ablauf. Sie sind einerseits an einen Unterrichtsinhalt gebunden, können andererseits aber auch davon unabhängig sein. Teilweise ist die Zusammenstellung der Teilnehmer willkürlich, teilweise jedoch an bestimmte Kompetenzen und Erfahrungen geknüpft. Allen Methoden gemeinsam ist das Ziel, den Schülern die Arbeit mit all ihren unterschiedlichen Mitschülern zu ermöglichen.

 **Finde einen Freund**

Ziel: Partnerfindung

Zusammenhang: Thematisch gebunden

Durchführung: Die Kopiervorlage „Finde einen Freund" mit Tabelle wird ausgeteilt. Auf der Tabelle befinden sich Fragen zum aktuellen Thema, etwa mit dem Inhalt der letzten Stunde als Wiederholungsübung. Jeder muss Antworten von Mitschülern einholen und anderen Antworten für ihre Fragebögen geben. Pro Gesprächspartner darf nur eine Antwort eingeholt werden. Beim letzten Gesprächspartner bleibt man stehen (oder nach einer vorgegebenen Zeit). Dies ist der Partner für die weitere Arbeit.

Beispiel:

	Antwort	Name des Freundes
... wo die Füchse wohnen.		
... was die Füchse fressen.		
... wie viele Junge die Füchsin zur Welt bringt		

Kopiervorlage im Anhang

 **Ergebnis – Paare oder -Gruppen**

Ziel: Partner- oder Gruppenfindung

Zusammenhang:
Kein thematischer Zusammenhang

Durchführung: Jedes Kind erhält einen kleinen Zettel mit einer Aufgabe aus dem Lernbereich, in dem gerade gearbeitet wird. Die Schüler ermitteln ihr Ergebnis. Es gibt immer zwei (oder bei Gruppen drei, vier) Schüler mit demselben Ergebnis. Diese Schüler finden sich und arbeiten zusammen.

Tipp: In jahrgangsgemischten und sehr heterogenen Gruppen können die Aufgaben den Leistungsniveaus der Schüler angepasst werden. So kann man auch die Zusammensetzung der Gruppe steuern.

Kopiervorlage im Anhang

 ## Schneeball

Ziel: Partnerfindung

Zusammenhang: Kein thematischer Zusammenhang

Durchführung: Jedes zweite Kind schreibt seinen Namen auf einen Zettel und knüllt diesen zu einem „Schneeball" zusammen. Alle Kinder werfen nun ihre Schneebälle in die Mitte des Raums/quer durch die Klasse. Alle suchen eine Zeit lang (bis zu einem akustischen Zeichen) Schneebälle und werfen sie durch den Klassenraum. Die Kinder, die ihren Namen nicht aufgeschrieben haben, suchen sich nun einen Schneeball. So finden sie ihren Partner für die weitere Zusammenarbeit.

Tipp: Diese Aktivität erzeugt viel Spaß und Bewegung und kann auch schon mal etwas Unruhe in eine Klasse bringen. Setzen Sie sie bewusst ein, wenn die Kinder zuvor lange still sitzen mussten oder unter einem hohen Leistungsdruck standen, etwa bei einer Klassenarbeit.

Gummibärchen

Ziel: Gruppenfindung

Zusammenhang: Kein thematischer Zusammenhang

Durchführung: Die Lehrerin verteilt pro Kind ein Gummibärchen. Es gibt immer vier Gummibärchen von einer Farbe. Diese vier Kinder finden sich und arbeiten ab jetzt zusammen.

Tipp: Zu Ostern können auch bunte Ostereier verwendet werden.

 ## Märchenpaare oder -gruppen

Ziel: Partner oder Gruppenfindung

Zusammenhang: Thema Märchen

Durchführung: Die Lehrerin verteilt an jedes Kind eine Figurenkarte (siehe Kopiervorlage). Die Kinder müssen nun die Kinder mit den anderen Figuren finden, die zu ihrem Märchen gehören und arbeiten ab jetzt mit diesen zusammen.

Tipp: Ein geordneter Ablauf gerade bei jüngeren Schülern kann gewährleistet werden, wenn Sie vorher die Arbeitstische für die Gruppen mit der jeweiligen Anzahl von Stühlen bereit stellen und mit einem kleinen Symbol oder Bild aus dem jeweiligen Märchen kennzeichnen.

Beispiel: Aus dem Märchen „Schneewittchen" finden sich Schneewittchen, die böse Stiefmutter, ein Zwerg und der Prinz zusammen an dem Tisch mit einem Bild aus dem Märchen.

Kopiervorlage im Anhang

 ## Wortpaare

Ziel: Partnerfindung

Zusammenhang: Kann thematisch mit jedem Thema verknüpft werden

Durchführung: Die Lehrerin verteilt an jedes Kind eine Karte mit einem Wort. Es gibt immer eine Karte mit der Einzahl des Wortes und eine mit der Mehrzahl eines Wortes (etwa: „Wald, Wälder"). Die Kinder mit den passenden Karten finden sich zu einem Paar zusammen.

Tipp: Die Wörter können natürlich zum Inhalt der Stunde passen. Auch andere Wortzusammenstellungen sind denkbar:

- laufen/er lief, geben/er gab

- Topf/Deckel, Hund/Leine,

- schwarz/weiß, hell/dunkel, hoch/tief

Kopiervorlage im Anhang

 **Atomspiel**

Ziel: Partner- oder Gruppenfindung

Zusammenhang: Thematisch nicht gebunden

Durchführung: Die Schüler bewegen sich zur Musik durch den Raum. Bei Musikstopp ruft die Lehrerin eine Zahl und die Kinder finden sich zu einer Gruppe in dieser Anzahl zusammen. Dies kann mehrfach wiederholt werden, bis die gewünschte Gruppenanzahl erreicht wird und die Kinder sich in dieser Zusammenstellung einen Arbeitsplatz suchen.

3.2 Zusammen packen wir es an – Mehr teamstärkende Aktivitäten (Contact Activities and Teambuilders)

„Nun sollte doch nach den Paarbildungsspielchen mal mit der Arbeit angefangen werden." Immer wieder bekommen kooperativ arbeitende Lehrer den Vorwurf zu hören, Zeit zu vergeuden, in dem sie immer wieder neue Gruppen bilden, welche dann auch noch durch „Spaßaktivitäten" zur gemeinsamen Arbeit ermuntert werden müssen. Deshalb möchten wir in diesem Kapitel die Bedeutsamkeit solcher Aktivitäten für die Gruppenarbeit aber auch für die Qualität der Lernergebnisse beschreiben.

Als wichtigen Teil der Arbeit und auch als durchaus zielgerichtet und sachorientiert schätzen wir die Contact Activities, Kennenlernspiele oder, wie wir sie im Kooperativen Lernen nennen wollen, teamstärkende Aktivitäten ein. Häufig werden diese wegen Zeitmangel oder wegen Bedenken, nicht zum „Wesentlichen" zu kommen, von Lehrenden und Moderierenden ausgelassen. Auch uns unterläuft dieser Fehler immer noch hin und wieder in unseren Moderationen, was meist folgende problematische Konsequenzen hatte, die man zunächst nicht richtig einordnen konnte:

◆ Die Schüler/Teilnehmer kommen nicht zum Arbeiten, weil einfach keiner beginnt.

◆ Die Arbeit geht nur schleppend voran.

◆ Es scheint, den Teilnehmern fällt zu dem Thema nichts ein.

◆ Es gibt Streit in der Gruppe.

◆ Die Teilnehmer unterhalten sich über ein anderes Thema.

◆ Trotz der Rollenverteilung arbeiten Einzelne viel mehr als andere.

All das kann darauf hindeuten, dass sich die Teilnehmer in der Gruppe noch nicht geborgen fühlen und der Gruppe das notwendige Wir-Gefühl fehlt, um zusammen agieren zu können.

Eine Gruppe muss zunächst ein Gemeinschaftsgefühl entwickeln, bevor sie effizient, zügig und erfolgreich zusammen arbeiten kann.

Wir weisen ausdrücklich darauf hin, dass auch in Klassen, in denen das soziale Klima sehr gut ist und scheinbar keine interpersonellen Barrieren vorhanden sind, diese Aktivitäten sinnvoll und notwendig sind. Denn mit zunehmendem Alter der Schüler werden diese interpersonellen Schwellen in der sozialen Erziehung stärker durch die Gesellschaft geprägt. Unterschiedliche Verhaltenstypen bilden sich heraus und schnell sind in einer Gruppe unbewusste Rollenmuster entstanden: der Ruhige, der Dominante, derjenige, der die Arbeit untergräbt. Die Zuweisung verschiedener sozialer, methodischer und fachlicher Rollen (Bochmann/Kirchmann, 2006) kann diesem Effekt entgegenwirken und mindern. Zusätzlich sollte aber das Gemeinschaftsgefühl der Gruppe und gleichzeitig das Gefühl der individuellen Verantwortung jedes Einzelnen unterstützt werden.

Teamstärkende Aktivitäten sind Aktivitäten, die die Gruppe auf die gemeinsame Arbeit vorbereiten. Sie helfen, das Gruppenbewusstsein durch ein gemeinsames Erfolgserlebnis zu stärken und aktivieren gleichzeitig jedes einzelne Mitglied der Gruppe zu seinem Beitrag.

Jede teamstärkende Aktivität sollte folgende **Bedingungen** erfüllen:

⇒ Sie sollte Spaß machen.

⇒ Sie sollte relativ leicht und schnell zu organisieren sein.

⇒ Sie sollte von jeder Gruppe erfüllbar sein.

⇒ Sie sollte jedes Mitglied zwingend zu einem Beitrag aktivieren.

⇒ Sie sollte der Gruppe ein Erfolgserlebnis vermitteln.

Beim unten aufgeführten **Architektenspiel** gelingt das auf folgende Weise: Durch die Zeitvorgabe und die Vorschau auf einen Preis wird zunächst der Druck auf die Gruppe erhöht. So sollen Schwellenängste abgebaut werden, jeder bringt seine Ideen schneller ein, wenn die Zeit drängt und wartet nicht ab, bis erst jemand anderes etwas gesagt hat.

Durch die offene Aufgabenstellung (es wird keine Bauplanung vorgegeben, das Ergebnis ist offen) erhält jede Gruppe die Möglichkeit, ihrer Kreativität freien Lauf zu lassen und alle Ideen innerhalb der Gruppe zuzulassen. Kein Turm ist „falsch".

Durch die Verteilung von Rollen wird sichergestellt, dass jedes Kind an der Arbeit beteiligt ist.

Durch die Fotos erhält jede Gruppe das Gefühl, die Aufgabe erfolgreich abgeschlossen zu haben, auch wenn sie nicht die Gewinnergruppe war.

Eine Gruppe, die auf diese Weise auf die Arbeit vorbereitet wurde, kann sofort mit der sachorientierten Arbeit beginnen, ist motiviert, das gemeinsame Ziel zu erreichen und wird eine positive Stimmung im Team schaffen. Auf diese Weise wird jeder einzelne Schüler (auch der schüchterne) seinen besten Beitrag zum Gruppenergebnis bringen. Auch das Lernen selbst, also das Abspeichern neuer Informationen und die Verarbeitung bekannter Informationen auf neuen Ebenen (Rekapitulation, Bewertung, Interpretation) werden durch die nun angstfreie Kommunikation innerhalb der Gruppe ermöglicht (Spitzer, 2002).

 ## Architektenspiel

Ziel: Teamstärkung

Zusammenhang: Mit oder ohne thematischen Zusammenhang möglich

Durchführung: Die Lehrerin verteilt an jede Gruppe Baumaterialien, erklärt den Bauauftrag und erteilt eine Zeitvorgabe. Außerdem muss eine Belohnung festgelegt werden. Die Schüler können die Aufgabenverteilung innerhalb der Gruppe selbst übernehmen, wenn sie schon fit im kooperativen Lernen sind und einige Rollen kennen. Stellen Sie sicher, dass jedes Kind an der Arbeit beteiligt ist. Alle fertigen Bauwerke werden fotografiert und können später in der Klasse aufgehängt werden oder bei einer späteren Gruppenarbeit als Symbol für jede Gruppe an ihrem Arbeitsplatz hängen.

Beispiel:

Mögliche Bauaufträge: ein Turm aus Zeitungspapier - ein Zoo aus Pfeifenstopfern

Mögliche Belohnungen: ein Gummibärchen für jedes Gruppenmitglied

- einmal „Hausaufgabenfrei" für die Gruppe - einmal zehn Minuten früher Pause

Grimassen-Kontest

Ziel: Teamstärkung

Zusammenhang: Mit oder ohne thematischen Zusammenhang möglich

Durchführung: Die Lehrerin verteilt an jede Gruppe Karten mit Gefühlswörtern (böse, glücklich, überrascht, ...). Jedes Kind muss nun sein Gefühl pantomimisch darstellen. Die anderen Team-Mitglieder raten. Für jede richtige Antwort gibt sich das Team einen Punkt. Das Team mit den meisten Punkten gewinnt.

Tipp: Bei diesem Spiel ist natürlich große Ehrlichkeit gefragt, da sich die Teams selbst die Punkte geben. Besprechen Sie diesen Punkt mit Ihren Schülern und machen Sie deutlich, dass Sie großes Vertrauen in die Ehrlichkeit der Gruppen haben.

Kopiervorlage im Anhang

Nobody´s Perfect!

Ziel: Teamstärkung

Zusammenhang: Mit oder ohne thematischen Zusammenhang möglich

Durchführung: Zunächst erzählt die Lehrerin eine peinliche Situation aus Ihrem Alltag (Was mir mal passiert ist ...). So zeigt sie, dass Fehler menschlich sind, und auch sie Schwächen und Peinlichkeiten eingestehen kann. Jedes Kind erzählt in seiner Gruppe reihum von einer peinlichen Situation, in der es sich einmal befunden hat.

Die peinlichste/lustigste Situation der Gruppe kann gewählt und dem Rest der Klasse erzählt werden, wenn es dem betroffenen Kind recht ist.

Tipp: Diese Aktivität fordert ein hohes Maß an Selbstwertgefühl der Kinder. Setzten Sie sie sensibel ein, wenn Sie glauben, dass Ihre Kinder bereit dafür sind und in der Klasse ein vertrauensvolles Klima herrscht.

 **Messt das Team!**

Ziel: Teamstärkung

Zusammenhang: Ohne thematischen Zusammenhang

Durchführung: Die Lehrerin verteilt an jede Gruppe einen Fragebogen und ein Maßband (Tipp: im Baumarkt oder Möbelhaus aus Papier erhältlich). Der Maßauftrag muss in der Gruppe im Wechsel erfüllt werden (einer misst, einer schreibt auf, einer wird gemessen, und dann wechseln die Rollen). Wer am schnellsten gemessen hat (wer am längsten ist, welche Gruppe zusammen am dicksten ist, die längsten Finger hat ... , hat gewonnen.

Beispiel:

Mögliche Messaufträge:

- Wie lang sind eure vier Daumen zusammen?

- Wie dick seid ihr alle zusammen?

- Wie groß seid ihr alle zusammen? – Wer von eurem Team hat den dicksten Schädel?

Kopiervorlage im Anhang

 **Erzählkette mit Bildern**

Ziel: Teamstärkung, Wiederholung einer Geschichte

Zusammenhang: Umgang mit Bilderbüchern

Durchführung: Die Lehrerin teilt pro Gruppe vier Karten mit Bildern aus dem Bilderbuch aus. Die Schüler bringen diese Karten in die inhaltlich richtige Reihenfolge und rekonstruieren so die Geschichte. Dabei erhält jedes Mitglied eine Bildkarte und trägt seinen Teil zur Geschichte bei.

Tipp: Diese Methode eignet sich besonders, wenn im weiteren Verlauf der Stunde mit der Geschichte weitergearbeitet werden soll oder zum Abschluss der Arbeit an einem Bilderbuch.

 ## Finde einen Freund ...

Ziel: Teamstärkung

Zusammenhang: Mit oder ohne thematischen Zusammenhang möglich

Durchführung: Die Lehrerin teilt das Arbeitsblatt „Finde einen Freund" mit dem Fragebogen aus. Hier geht es jetzt nicht um Wissensfragen, sondern um gemeinsame Interessen.

Beispiel:

Finde einen Freund in deiner Gruppe, der genauso viele Geschwister hat wie du.

Finde einen Freund in deiner Gruppe, der die gleiche Lieblingsfarbe hat wie du.

Finde einen Freund in deiner Gruppe, der die gleiche Fernsehsendung mag wie du.

Gemeinsamkeiten können in der Mitte des Schnittkreises dargestellt werden.

 ## Blinde Kuh

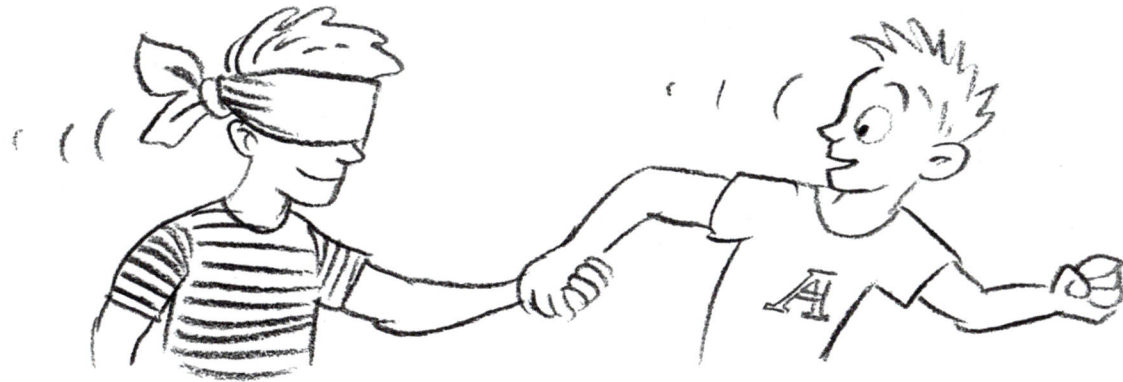

Ziel: Teamstärkung

Zusammenhang: Ohne thematischen Zusammenhang möglich

Durchführung: Die Lehrerin teilt für jede Gruppe ein Stück Stoff/einen Schal aus. Jeder in der Gruppe bekommt einmal die Augen verbunden und muss ein Teammitglied an der Hand (an der Nase, am Gesicht, an Haaren ...), ertasten.

Tipp: Auch diese Aktivität verlangt großes Selbstvertrauen und Vertrauen in die Gruppe von den Schülern. Seien Sie sich dessen bewusst und thematisieren Sie es mit Ihren Schülern.

3.3 Stärkung des Selbstbewusstseins durch kooperative Aktivitäten – Grundlage des Lernens

Sie haben alles bedacht: Das Ziel Ihrer Stunde ist Ihnen klar vor Augen und Sie haben es auch den Schülern vermittelt. Methodisch abwechslungsreich initiieren Sie kooperative Aktivitäten. Die Gruppen sind mit Bedacht zusammengestellt und der Arbeitsauftrag klar formuliert. Differenziert haben Sie die Anforderungen auf die Kompetenzen Ihrer Schüler abgestimmt. Sogar die Aspekte der Positiven Abhängigkeit haben Sie bedacht. Die Schüler beginnen motiviert mit ihrer Arbeit in den Gruppen. Aber Jan tut nichts. Jan sagt auch nichts. Die anderen Gruppenmitglieder ermuntern ihn, ja, sie drängen ihn zu seinem Beitrag, machen ihm klar, dass er bedeutsam und wichtig für das Ergebnis ist. Jan sagt nichts. Sie bieten ihm Hilfen an, er verstummt immer mehr. Die Gruppe kann nicht gut weiterarbeiten, die Kinder spüren selbst, dass Jan sich in seiner Haut nicht wohl fühlt. An einem anderen Tisch sprengt Dennis die Arbeit der Gruppe: er turnt unter dem Tisch herum, macht seine Späße und tut alles, damit auch seine Gruppenmitglieder das Ziel der Arbeit aus den Augen verlieren.

Kommt Ihnen diese Situation bekannt vor? Solche „Systemsprenger" sind häufig immun gegen jede Motivation, jeden Druck durch den Lehrer oder die Mitschüler und auch gegenüber jeder Form der Ermutigung. „Zu wenig differenziert." „Zu wenig ermutigt und das Ziel nicht klar genug gemacht." sind oft die Kommentare von Fachleitern, Prüfern und Kollegen. Andere haben schon resigniert: „Dem kannst auch du nichts mehr beibringen." „Der hat keine Lust." „Der kann es einfach nicht."

Diese Kommentare haben eines gemein: Sie sind zu kurzsichtig und sehen nicht das Kind als Ganzes, sondern nur den Lerner. Oft liegt der Grund für ein solches Verhalten im fehlenden Selbstbewusstsein der Schüler. Jan und auch Dennis trauen sich nicht zu, ihren Beitrag zu leisten, weil sie nicht an sich glauben. Dennis tut alles, um davon abzulenken und Jan verschließt sich der Situation. Beide haben in ihrem Alltag und in der Schule diese Verhaltensmuster entwickelt, um davon abzulenken, dass sie sich eigentlich nicht viel zutrauen, dass sie sich nicht wohl in ihrer Haut und im Klassenraum fühlen und dass sie nicht das Gefühl haben, zum Ziel der Gruppe beitragen zu können.

Dieses fehlende Selbstbewusstsein gründet in vielen, vor allem außerschulischen und familiären Ursachen, die hier nicht näher erläutert werden sollen. Doch auch die Schule trägt durch ihre vergleichenden, konkurrierenden und teilweise pädagogisch ungünstigen Strukturen zu schlechten Selbstwertgefühlen bei. Es zeigt sich jedoch nicht nur in den oben beschriebenen kooperativen Situationen, sondern gerade auch, wenn diese Schüler bei ihrer Arbeit auf sich allein gestellt und so einem noch größeren Druck ausgeliefert sind, dass ihr fehlendes Selbstwertgefühl sie bei der Arbeit hemmt, Erfolg geradezu unmöglich macht und der Unterricht so den Teufelskreis von Nicht-Zutrauen, Nicht-Anpacken, Misserfolg, Kritik oder fehlender Belohnung entstehen lässt und somit ein noch schlechteres Selbstbild hervorbringt.

„Students who are unsure of themselves or who expect to fail are inclined to stop trying and just give up on school." (M.C Shaw, G.J. Alves: The Self-Concept of Bright Academic Underachievers: Continued.)

Ein schwaches Selbstbewusstsein ist sicherlich nicht der einzige Grund für einen Schüler, nicht bei der kooperativen Arbeit mitmachen zu wollen. Es ist auch nicht der Grund für jeden Misserfolg eines Schülers, trotzdem trifft folgende Aussage zu:

Wir unterschätzen oft das Ausmaß, in dem ein negatives Selbstbild das Lernen und vor allem den Mut und den Willen, überhaupt mit einer Aufgabe zu beginnen, hemmen oder sogar verhindern kann.

Schüler mit schlechtem Selbstbewusstsein trauen sich weniger zu, streben niedrigere Ziele an oder beginnen gar nicht erst mit der Arbeit und sehen sich schließlich durch ihren Misserfolg in ihrem negativen Selbstbild bestätigt. Schüler mit gutem Selbstbewusstsein trauen sich mehr zu, können auch über Misserfolge hinweg höhere Ziele verfolgen und ernten schließlich Erfolg, Lob und Anerkennung und werden somit immer mehr in ihrem positiven Selbstbild bestätigt.

Daraus folgt: **Ein gutes Selbstbild ist nicht nur Ergebnis, sondern vor allem auch Grundlage für jeden Lernerfolg.**

Es sollte deshalb Ziel eines jeden Unterrichts sein, nicht nur Kompetenzen zu fördern, sondern auch die positiven Selbstwertgefühle der Schüler aufzubauen und zu verbessern.

Die gute Nachricht ist, es ist **auch** die Schule, genauer gesagt, Ihr Unterricht, der dazu beitragen kann, das Selbstbewusstsein Ihrer Schüler aufzubauen oder zu verbessern. Schüler verbringen viel Zeit in der Schule und sind gerade in der Grundschule auch emotional sehr an ihre Lehrerin und ihre Klasse gebunden.

Dr. Michele Borba hat über viele Jahre hinweg die Gründe für gutes und schlechtes Selbstbewusstsein erforscht und zahlreiche Aktivitäten für die Verbesserung des Selbstwertgefühls bei Schülern entwickelt (Borba 1982 u. 1989).

Ihr Konzept des Selbstbewusteins soll hier kurz dargestellt werden, immer in Bezug auf konkrete Beispiele aus unserem Schulalltag. Die Aktivitäten sind teilweise ihren Büchern entnommen, teils abgeändert und auf den heutigen Unterricht und seine Ziele abgestimmt. Die hier gezeigten Aktivitäten können auch als teamstärkende Maßnahmen genutzt werden. Sie sollen nicht losgelöst vom restlichen Unterricht stattfinden und somit eine Sonderposition einnehmen, sondern in den Alltag des Lernens in der Klasse und die kooperative Gruppenarbeit integriert werden. Es zeigt sich auch, dass die Kompetenzen, die hier gefördert werden, zu großen Teilen Bestandteile aktueller Lehrpläne sind, das betrifft nicht nur die Ebene der sozialen Kompetenzen, sondern auch die des Deutschunterrichts.

◆ Ein Gespräch initiieren

◆ Fragen stellen

◆ Den eigenen Standpunkt erklären und vertreten

◆ Anderen interessiert zuhören und nachfragen

◆ Sich mit anderen auf etwas einigen

◆ Etwas vortragen

◆ Ergebnisse präsentieren, mündlich und schriftlich

◆ ...

Im kooperativen Unterricht fällt ein Schüler mit extrem schlechten Selbstbewusstsein auf, weil er die Arbeit einer gesamten Gruppe behindern kann. Dagegen wäre er in Phasen der Einzelarbeit vielleicht durch erlernte Ausweichmechanismen eher unauffällig geblieben. Bedeutet dies nun, dass ich mit solchen Schülern keinen kooperativen Unterricht mehr machen kann?

Nein, man kann eher den Schluss ziehen, dass auch kooperative Aktivitäten keine universellen Allheilmittel sind, dass auch das kooperative Konzept an manchen Schülern und ihren schlechten Ausgangsbedingungen partiell scheitern kann und dass man auch mit einer kooperativ geplanten Stunde nicht automatisch optimale Ergebnisse erreicht. Die aktuelle Lernforschung zeigt jedoch einen expliziten Zusammenhang zwischen kooperativem Unterricht und der positiven Entwicklung des Selbstwertgefühls der Schüler:

„Unsere Forschungen haben gezeigt, dass kooperativ lernende Schüler an den eigenen Wert glauben, davon überzeugt sind, dass andere ihnen gegenüber eine positive Einstellung haben, ihre Eigenschaften wohlwollend mit denen ihrer Klassenkameraden vergleichen und sich für eine fähige, kompetente und erfolgreiche Person halten." (Johnson/Johnson, 2002)

Die Situationen, in denen ein solches Selbstwertgefühl entsteht, lassen sich im kooperativen Unterrichtsgeschehen öfter beobachten als in individualisierten oder konkurrierenden Arbeitsformen:

➠ Schüler lernen ihre Fähigkeiten gegenseitig kennen und schätzen.

➠ Das Training sozialer Kompetenzen ermöglicht einen harmonischen und wertschätzenden Umgang miteinander.

➠ Schüler bestärken und ermutigen sich während der Arbeitsphasen und in der Gruppenevaluation immer wieder gegenseitig.

Wir werden mit den folgenden Aktivitäten zeigen, dass sich besonders in kooperativen Unterrichtssituationen immer wieder Situationen anbieten, in denen Sie das Selbstbewusstsein ihrer Schüler stärken können. Dies geschieht meist durch positive Verstärkung durch die Gruppe, wie es für das kooperative Lernen charakteristisch ist und ist nicht nur vom ständigen Lob des Lehrers abhängig. Die beschriebenen Aktivitäten zur Stärkung des Selbstbewusstseins lassen sich in kooperativ geplanten Stunden gut als teambindende Aktivitäten einsetzen.

Indem wir das Selbstwertgefühl unserer Schüler stärken, ermöglichen wir aber viel mehr als nur den Erfolg in der Schule. Wir machen sie stark gegen negative soziale Einflüsse und können den Weg des Schülers zum life-long-learner ebnen und damit erleichtern.

Die fünf Komponenten des Selbstwertgefühls

Wir werden die fünf Komponenten des Selbstwertgefühls nach Borba hier kurz erläutern und an Hand von Schüleräußerungen konkretisieren. Diese Differenzierung soll helfen, den vagen Ausdruck „schlechtes" oder „gutes Selbstbewusstsein" mit Inhalten zu füllen. Was fühlt ein Schüler, der ein gutes Selbstbewusstsein besitzt, was macht ihn aus? Sie können so Schüleräußerungen besser verstehen, die auf fehlendes Selbstbewusstsein hindeuten, auch wenn das zunächst nicht so scheint. Es folgen Aktivitäten, die Sie direkt in Ihrem Unterricht einsetzen können als teamstärkende Aktivität oder als Ritual immer zu Beginn/am Ende des Unterrichts, jeden Freitag, ...

(Aktivitäten mit Änderungen aus Borba 1989)

1. Sicherheit

Sicherheit ist das Gefühl, an einem Ort in seiner ganzen Persönlichkeit sicher und angenommen zu sein. Das selbstbewusste Kind ist sicher, an diesem Ort nicht körperlich oder mit Worten verletzt zu werden. Es weiß, dass es sich auf bestimmte Bezugspersonen verlassen kann und besitzt ein hohes Maß an Zuversicht. Es hat das Gefühl, die Regeln und Grenzen an diesem Ort zu verstehen und zu akzeptieren.

Kinder mit einem Mangel an Sicherheit könnten sagen:

◆ In der Schule fühle ich mich nicht wohl.

◆ In der Schule mag mich keiner.

◆ Meine Lehrerin mag mich nicht, versteht meine Wünsche und Bedürfnisse nicht.

◆ In meiner Klasse traue ich mich nicht, etwas zu sagen, weil ich nicht weiß, wie die anderen Kinder oder meine Lehrerin reagieren.

◆ Ich verstehe die Regeln in meiner Klasse nicht. Ich weiß nicht, was meine Lehrerin von mir will.

 **Komplimente-Karte**

Ziel: Stärkung des Selbstbewusstseins (Sicherheit)

Zusammenhang: Ohne thematischen Zusammenhang, sinnvoll als Ritual, einmal in der Woche.

Durchführung: Aus einem Sack mit Zetteln aller Namen der Kinder wird ein Name gezogen. Das ausgewählte Kind setzt sich auf einen Stuhl in der Mitte des Raumes. Alle anderen Kinder bekommen die Kopiervorlage „Komplimente-Karte." Sie haben zunächst einige Minuten Zeit, über das Kind nachzudenken, bekommen ggf. Anregungen durch die Lehrerin (Was habt ihr schon mal zusammen gespielt, Was kann ... besonders gut? Was gefällt dir besonders an ...?). Dann schreibt jedes Kind einen Satz für das ausgewählte Kind auf. Das ausgewählte Kind darf dann drei Kinder bestimmen, die ihr Kompliment vorlesen. Dafür bedankt es sich und darf anschließend alle Komplimente-Karten nach Hause mitnehmen. Wir haben beobachtet, dass Kinder diese Karten oft jahrelang aufbewahren und sich immer wieder an ihrem Inhalt erfreuen.

Kopiervorlage im Anhang

2. Man-Selbst-Sein

Mit dem Begriff „Selfhood" beschreibt Borba eine gute Selbstkenntnis. Das heißt, der Schüler weiß, wer er ist, und was ihn zu einer individuellen Persönlichkeit macht. Dieses Gefühl wird geprägt durch ein gutes Körpergefühl als auch durch das Gefühl, seine Eigenschaften im positiven wie im negativen Sinne zu kennen. Natürlich äußert sich diese „Sicht auf sich selbst" im jungen Alter noch durch sehr konkrete Eigenschaftsbeschreibungen „Ich bin ein Junge. Ich bin sehr groß, 1 Meter und 60cm. Ich bin ein guter Fußballer, in Mathe bin ich nicht so gut." Mit der Zeit kommen auch abstraktere Aspekte hinzu „Auf mich kann man sich verlassen, ich bin ein guter Freund." „Ich bin ein musikalischer Mensch."

Ein Kind mit einer schlechten Sicht auf sich selbst könnten sagen:

◆ Ich bin hässlich.

◆ Ich kann gar nichts.

◆ Ich weiß nicht, was mich interessiert.

◆ Ich weiß nicht, womit ich anfangen soll.

◆ Mich interessiert hier gar nichts.

 ## Ich-bin-ich-Puzzle

Ziel: Stärkung des Selbstbewusstseins (Man-Selbst-Sein)

Zusammenhang: Am besten im Rahmen der Ich-bin-Ich-Einheit

Durchführung: Die Lehrerin zeigt ihr „Ich-bin-Ich-Puzzle" in Großformat und erzählt darüber: „Wer ich bin und dass ich so bin, wie ich bin, das hat viele verschiedene Gründe. Das alles macht mich aus." Beispiele können von ganz konkreten Aspekten, wie Größe und Haarfarbe über besondere Fähigkeiten aber auch Freunde oder besondere Ereignisse im Leben reichen.

Tipp: Das Kinderbuch „Das kleine Ich bin ich" von Mira Lobe eignet sich besonders bei der Arbeit mit jüngeren Schülern gut zu diesem Thema.

3. Zugehörigkeit

Dieser Aspekt zielt ab auf die Stellung des Kindes innerhalb der verschiedenen sozialen Gruppen, in denen es sich aufhält: Familie, Freunde, Klasse, Sportverein und Ähnliches. Ein Kind mit gutem Zugehörigkeitsgefühl ist sich sicher, in einer Gruppe eine wichtige Rolle zu spielen und dort nicht austauschbar zu sein. Es fühlt sich angenommen, geschätzt und geliebt und kann diese Gefühle auch für die anderen Mitglieder dieser Gruppe ausdrücken. Es arbeitet gern in der Gruppe, kann anderen gut zuhören und andere ermutigen und zeigt auch selbst keine Scheu, seine Ideen einzubringen. Freundschaften sind ihm sehr wichtig. Es weiß, warum es ein guter Freund ist und was ihm an seinen Freunden wichtig ist.

„Children´s feelings about themselves have important effects on how successfully they deal with friendships. A feeling of personal significance is necessary for children to reach out for others with confidence ...“ (Smith 1982)

Hier deutet sich wieder die Problematik des Negativkreislaufs an: Kinder, die ein gutes Selbstbewusstsein haben, werden häufiger von anderen als Freunde gesucht und können auch selbst Freundschaften initiieren. Kinder mit schlechtem Selbstbewusstsein werden seltener gewählt und erfahren so eine Bestätigung ihres negativen Selbstbildes. Sie trauen sich natürlich weniger, andere Kinder anzusprechen und so neue Kontakte zu knüpfen. Sie geben ihr schlechtes Selbstwertgefühl gern an Schwächere weiter, wie die unten aufgeführten typischen Zitate zeigen.

Ein Schüler mit einem niedrigen Gefühl von Zugehörigkeit in der Klasse könnte sagen:

◆ Ich möchte nicht in die Schule gehen, da mag mich keiner.

◆ In der Pause lässt mich niemand mitspielen.

◆ Ich will nicht mit Susi arbeiten, die ist mir zu blöd.

◆ Ich werde immer als Letzter gewählt.

◆ Du gehörst nicht dazu, wir lassen dich nicht mitmachen.

 **Freundschaftsbuch**

Ziel: Stärkung des Selbstbewusstseins (Zugehörigkeit)

Zusammenhang: Freundschaft (fächerübergreifend im Deutsch-, Sach- und Religionsunterricht)

Durchführung: Die Lehrerin zeigt ein Freundschaftsbuch und erklärt, dass die Schüler in den nächsten Wochen ihr eigenes Freundschaftsbuch schreiben werden. Gelegenheit zum Ausfüllen und vor allem für den Austausch über die verschiedenen Seiten erhalten sie immer zu Beginn einer Partner- oder Gruppenarbeitsphase als Kontaktaktivität. Natürlich sind hier die wechselnden Partner besonders hilfreich, da die KInder so immer neue Ideen zum Thema Freundschaft erhalten können.

Tipp: Je nach Alter der Schüler empfiehlt es sich, die einzelnen Aspekte des Buches vorher zu besprechen. Der Großteil der Diskussion und Vorbereitung sowie des Ausfüllens sollte jedoch immer in der Partnerarbeit liegen. Hier werden auch die Ergebnisse präsentiert und reflektiert. Auf diese Weise bieten Sie als Vorbereitung für die Arbeit in Gruppen oder mit Partnern eine sachgerechte und zielgerichtete Kontaktaktivität an, die den Schülern ermöglicht, sich mit unterschiedlichen Partnern über ihr persönliches Verständnis von Freundschaft auszutauschen.

Kopiervorlage im Anhang

4. Mission

Schüler mit einem guten Selbstbewusstsein wissen, was sie wollen. Das Bestreben, sich selbst Ziele zu setzen und die Zuversicht, diese auch erreichen zu können, nennt Borba Mission. Zu dieser Fähigkeit zählt vor allem auch die Bereitschaft, sich für das Erreichen seiner Ziele anzustrengen und dabei auch Niederlagen zu überwinden. Diese Anstrengung wird nicht als negativ empfunden, sondern als Herausforderung gesehen. Ein Kind mit einem ausgeprägten Selbstbewusstsein erlebt immer wieder, dass es seine gesteckten Ziele erreicht und stärkt somit wiederum seine Zuversicht, weitere Herausforderungen anzunehmen.

Im Unterricht zeichnen sich diese Kinder durch ihre Fähigkeit zur selbst-motivierten Zielsetzung und Arbeit sowie durch eine hohe Frustrationstoleranz aus. Sie sind sich der Konsequenzen ihrer Handlungen bewusst und entwickeln Handlungsalternativen, wenn das Ziel nicht mehr realistisch erscheint.

Im Gegensatz dazu findet sich der Schüler mit wenig Glauben an den eigenen Erfolg in einem Negativkreislauf wieder. Er glaubt nicht an den eigenen Erfolg, setzt sich keine eigenen Ziele und tut sich schwer damit, die vorgegebenen Ziele zu erreichen. Misserfolge bestätigen ihn darin, bei der nächsten Herausforderung lieber zu kapitulieren, als diese motiviert anzugehen. Herausforderungen sind für diesen Schüler mit Gleichgültigkeit oder sogar Angstgefühlen verbunden.

◆ Ich weiß nicht, was ich heute machen will.

◆ Ich weiß nicht, wo ich anfangen soll.

◆ Sag du, wie wir das machen sollen.

◆ Ich bin das nicht schuld, der hat gesagt, wir sollen das machen.

◆ Das wird eh nichts.

◆ Ich rechne heute 1 000 Aufgaben.

◆ Ich rechne heute nur eine Aufgabe.

In einer Studie (Coleman et al. 1966) zeigte sich, dass der Schulerfolg von Kindern sogar in erster Linie von ihrem Glauben an den eigenen Erfolg abhängt, mehr als von der eigentlich erbrachten Leistung, der Klassengröße oder der Vorbereitung des Lehrers. Diese Erkenntnisse verweisen auf die Signifikanz der emotionalen Ebene beim Lernen und zeigen, dass die Stärkung des Selbstbewusstseins auf allen Ebenen durchaus nicht nur den Schüler in seiner Persönlichkeit stärkt, sondern auch in entscheidendem Maße seinen Erfolg in der Schule bestimmt.

Bergsteiger

Ziel: Stärkung des Selbstbewusstseins (Mission)

Zusammenhang: Ziele (Klassen- und Schulziele, persönliche Ziele ...), eignet sich auch als Kontaktaktivität vor einer Partnerarbeit.

Durchführung: Jeweils zwei Kinder erhalten eine Kopiervorlage „Bergsteiger." Je nach didaktischer Intention kann oben auf dem Berg das Ziel der Partnerarbeit eingetragen werden oder auch ein persönliches Ziel eines der beiden Kinder. Am Beispiel eines ausgewählten Paares erklärt der Lehrer das Verfahren. Alle Kinder sollen sich mit ihrem Partner über mögliche Teilziele auf dem Weg zum Gipfel unterhalten.

Kopiervorlage
im Anhang

5. Kompetenz

Das Gefühl von Kompetenz im Sinne von gutem Selbstbewusstsein bildet sich durch regelmäßige Erfolgserlebnisse in Bereichen, die dem Individuum wichtig sind. Ein Schüler fühlt sich kompetent, wenn ihm seine Stärken auf bestimmten Gebieten bewusst sind.

Jeder von uns hat Stärken und Schwächen. Eine Person mit ausgeprägtem Selbstbewusstsein im Bereich Kompetenz weiß auch um ihre Schwächen, hält sie aber nicht für unüberwindbar und weiß, Kraft aus ihren Stärken zu schöpfen.

Diese „I can-attitude" ermöglicht es dem selbstbewussten Schüler, seine Stärken noch zu erweitern und an seinen Schwächen zu arbeiten.

Ein Schüler ohne das Gefühl von eigener Kompetenz wirkt dagegen oft zurückhaltend, auch auf Gebieten, in denen er Erfolge zu erwarten hätte. Er geht nicht gern Risiken ein und zeigt sich als äußerst schlechter Verlierer. Jeden Misserfolg betrachtet er als Folge der eigenen Schwäche.

Im Unterricht lässt sich das Gefühl von Kompetenz auf vielfältige Weise unterstützen:

◆ Schaffen Sie Gelegenheiten, in denen sich die Kinder ihrer individuellen Stärken bewusst werden

◆ Schaffen Sie Möglichkeiten zur Selbstbewertung von Teilschritten, Lernzielen und Erfolgen

◆ Geben Sie prompte Rückmeldungen für Erfolge und vor allem auch für kleine Teilerfolge

◆ Leiten Sie die Schüler an, sich gegenseitig zu loben und auch selbst ihre Erfolge „zu feiern"

3.4 „Was weiß ich – Was weißt du?" – Methoden zur Aktivierung des Vorwissens/zur Wiederholung von Gelerntem

Die Aktivierung von Vorwissen und individuellen Vorerfahrungen der Schüler ist elementar bedeutsam für die Abspeicherung neuen Wissens. Kann der neue Lerninhalt mit etwas Bekanntem und/oder mit etwas für den Schüler emotional Bedeutsamem verknüpft werden, wird er besser behalten. Der Lerninhalt ist auf verschiedenen Ebenen und im Zusammenhang im Gehirn gespeichert, was ihn leichter abrufbar und vielseitiger verwendbar macht.

Es spricht also lernpsychologisch viel dafür, jeden neuen Lerninhalt mit dem Vorwissen der Schüler verknüpfen. Auch die Motivation steigt, wenn den Schülern bewusst wird: „Das, was da gelernt werden soll, hat etwas mit dem, was ich schon weiß", oder besser noch, „hat mit mir persönlich zu tun."

Wissenschaftler der Neurobiologie und der Lernbiologie (Spitzer, 2002) belegen heute, was wir aus der eigenen subjektiven Lernerfahrung bereits wissen: Die positive Grundhaltung auf der emotionalen Ebene hat auch Auswirkungen auf die Qualität des Lernens selbst. Hormone, die durch eine solche positive, sichere Grundhaltung des Schülers dem neuen Lerninhalt gegenüber freigesetzt werden, ermöglichen eine größere Hirnaktivität auf einem breiteren Areal im Gehirn; eine gute Voraussetzung für mehr Aufmerksamkeit und besseres Lernen. Durch die kooperativen Methoden wird die Bedeutsamkeit des eigenen Wissens und der eigenen Ideen hervorgehoben. Nicht das, was der Lehrer vermittelt, ist das Wichtigste, sondern wie es zu dem passt, was die Schüler wissen oder erfahren wollen. Das Bewusstsein, dass Lerninhalte viel mit ihnen selbst und ihren Ideen zu tun haben, stärkt das Selbstbewusstsein der Schüler und zeigt ihnen, dass sie aktiv an der Erarbeitung neuer Inhalte und an der Gestaltung des Unterrichts beteiligt sind (Boettcher/Otto/Sitta/Tymister, 1976).

Durch die Wiederholung von bereits Gelerntem, etwa nach einem Wochenende oder einer längeren Arbeitspause, kann jeder Schüler rekapitulieren, was aus der vorangegangenen Arbeitsphase oder aus einem Vortrag oder Film noch bei ihm im Gedächtnis geblieben ist. Viel wichtiger als das Abrufen von Inhalten, Fakten und Informationen, ist für das aktive und konstruktive Lernen jedoch der eigene Standpunkt des Schülers zum Gelernten. Was hat mich überrascht? Was fand ich besonders interessant? Welche Fragen habe ich noch zum Thema?

Diese Fragen, die ein tieferes Verständnis des Gelernten herausfordern, können in kooperativen Situationen, wie sie unten beschrieben werden, diskutiert werden. Durch die genannten Methoden bekommen die Schüler Zeit, im geschützten Raum der Kleingruppe, das Gelernte „auszuprobieren".

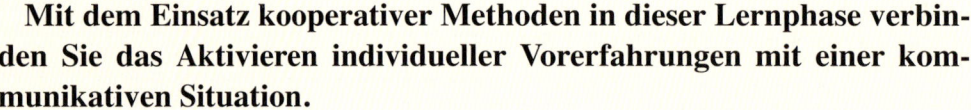

Mit dem Einsatz kooperativer Methoden in dieser Lernphase verbinden Sie das Aktivieren individueller Vorerfahrungen mit einer kommunikativen Situation.

Ziel: Aktivierung des Vorwissens, der Erwartungen oder Wünsche der Schüler an einen Lerninhalt

Durchführung: Jede Gruppe erhält eine Kopiervorlage „Runder Tisch" in DIN A3 und breitet sie auf dem Arbeitstisch aus. In jeder Ecke steht eine Fragestellung/ein Stichwort, zu dem Stellung genommen werden soll (siehe Beispiele). Die Schüler schreiben zunächst zu der Frage, vor der sie sitzen, wechseln dann auf ein akustisches Signal hin im Uhrzeigersinn die Plätze und schreiben zu der nun vor ihnen liegenden Frage. Sitzt jeder wieder an seinem alten Platz, liest jeder die Antworten der anderen und gibt eine kurze Rückmeldung darüber (je nachdem, wie viel Zeit für diese Methode angesetzt ist).

Beispiel:

Nach einem Wochenende wird ein Buch weiter gelesen ...

◆ Wen findest du aus dem Buch am nettesten und warum?

◆ Wen aus dem Buch würdest du gern etwas fragen und was?

◆ Was glaubst du, was passiert jetzt mit dem kleinen Fuchs?

◆ Was hast du neues über Füchse gelernt aus dem Buch?

Nach einer Zwischenpräsentation soll jetzt die Arbeit in den Gruppen weitergehen ...

◆ Was habt ihr in eurer Gruppenarbeit bis jetzt herausgefunden?

◆ Was hat dich besonders überrascht?

◆ Welche Frage hast du noch?

◆ Woran möchtest du noch weiterarbeiten?

Kopiervorlage im Anhang

Karussell

Ziel: Aktivierung des Vorwissens, der Erwartungen oder Wünsche der Schüler an einen Lerninhalt durch Austausch mit verschiedenen Gesprächspartnern

Durchführung: Zu Beginn der Stunde treffen sich die Schüler im Doppelkreis (Karussell).
Der Lehrer gibt nach einem akustischen Signal Gesprächsanregungen/Fragen vor, zu denen jeder Schüler mit dem jeweils vor ihm stehenden Partner über die Arbeit der letzten Stunde oder seine Ideen zu einem neuen Thema berichten. Der zweite Partner stellt Nachfragen, berichtet aber bis zum nächsten akustischen Zeichen nicht selbst!

Kopiervorlage im Anhang

Vier - Ecken - Gespräch

Ziel: Aktivierung des Vorwissens, der Erwartungen oder Wünsche der Schüler an einen Lerninhalt

Durchführung: In jeder Ecke des Klassenraums hängt an der Wand ein Bild, das zum neuen Thema passt oder auch eine Frage zu den Erfahrungen der Schüler. Die Schüler haben auf ein akustisches Zeichen hin Zeit, sich alle Bilder/Impulskarten anzusehen und sich zu entscheiden, bei welchem sie stehen bleiben. Auf ein weiteres akustisches Zeichen hin unterhalten sich die Schüler bei dem jeweiligen Bild darüber, warum sie es gewählt haben, was sie am Thema interessiert und was sie schon dazu wissen.

Tipp: Je jünger die Schüler sind, desto wichtiger ist eine klare Gesprächsvorgabe. Zunächst soll jeder Schüler sagen, warum er sich für dieses Bild entschieden hat. Die anderen Schüler dürfen ihn nicht unterbrechen.

3.5 „Schau mich an – Hör mir zu" – Methoden zum gemeinsamen Lesen

Der Leseunterricht hat sich, wie vielleicht kein anderer Bereich des sprachlichen Lernens, in den letzten Jahren grundlegend verändert. Durch die Einflüsse des Konstruktivismus verlegte sich der didaktische Fokus von der Vorstellung des passiven Lesers, der das Wissen des Buches aufnimmt, hin zum aktiven, selbst konstruierenden Leser, der durch seine Vorerfahrungen und seine eigene Weltsicht die Informationen des Gelesenen individuell einordnet.

Doch in den letzten Jahren, gerade nach der Pisa-Untersuchung, hat sich nicht nur der Umgang mit Texten, sondern vor allem auch die Auswahl der Texte verändert. Lag vorher der Schwerpunkt auf Geschichten, Gedichten und speziell für Schulbücher verfassten, kurzen und vereinfachten Sachtexten, ist man nun bemüht, authentische Texte in den Unterricht zu integrieren (Baumert, 2000). So sollen die Schüler besser auf das Lesen im Alltag vorbereitet werden, sie lesen nun Fahrpläne, Tabellen und Zeitungsartikel. Mit der Pragmatisierung des Lesens verschieben sich auch die Zielsetzungen des Leseunterrichts. Schüler lesen nicht mehr nur um des Lesens selbst willen, sie lesen, um Informationen für ihre Arbeit zu extrahieren. Sie lesen überfliegend und selektiv, wo früher ein Text mehrmals, laut, ganz genau und mit viel Betonung gelesen werden sollte. Im fiktiven Bereich des Leseunterrichts hat sich der konstruktivistische Ansatz durchgesetzt. Eine Geschichte wird von den Schülern aktiv erschlossen, eigene Ideen und Interpretationen haben eine besondere Bedeutung. Dieser neue Umgang mit Texten erfordert eine Schüleraktivierung, die besonders durch eine funktional angelegte Gruppenarbeit ermöglicht werden kann.

➡ Lesen geschieht als Mittel zum Zweck der Informationsbeschaffung, hier rücken neue Lesestrategien und authentische Texte in den Vordergrund.

➡ Lesen wird als aktive Sinnerschließung und als Erweiterung des individuellen Weltbildes verstanden

➡ Lesen geschieht nicht mehr nur in der Kommunikation zwischen Text und Leser, sondern vor allem auch im aktiven Austausch zwischen den Lesern zum Zweck der Sinnkonstruktion und Interpretation

Der kooperative Deutschunterricht kann diesen Anforderungen in besonderem Maße entsprechen. Er ermöglicht vielfältige methodische Zugänge zu Texten, die die Lesemotivation der Schüler steigern. Gerade schwächere Leser verlieren beim individuellen Lesen im konventionellen Leseunterricht oft den inhaltlichen Faden im Text. Sie können den Sinn nicht erfassen und verlieren schnell die Lust am Lesen, da sie den Anforderungen des Unterrichts nicht genügen können. Meist wird der Inhalt nach dem Lesen von den „guten" Lesern noch einmal zusammengefasst, so dass sie die geforderten Informationen auch ohne eigenes Lesen erlangen können. In kooperativen Gruppen ist jedoch die Leistung jedes Einzelnen gefordert. Auch die Leistung des schwachen Lesers ist bedeutsam. Sein Beitrag ist mitentscheidend für den Erfolg seiner Gruppe. Bei Leseschwierigkeiten ist er nicht allein, er wird unterstützt durch seine Gruppenmitglieder.

Beim Lesen in kooperativen Gruppen ist das Ziel des Lesens den Lesern immer klar vor Augen. Die Informationen aus dem Text werden direkt weiter verarbeitet, haben also einen gewissen Nutzen für die Gruppe. (Siehe Unterrichts-Einheiten „Frosch", „Irma und die roten Schuhe", „Sachkartei")

Kooperatives Lesen ermöglicht ein besseres Verständnis des Gelesenen. Der Text dient als Grundlage für das Gespräch in der Gruppe. Dabei reflektieren die Schüler über den Text, sie äußern Vermutungen über Textintentionen und formulieren ihre eigene Meinung über den Inhalt und den Text selbst. Durch diese Kommunikation innerhalb der Gruppe entsteht bei den Lesern ein sehr viel tieferes Textverständnis als beim individuellen, isolierten Lesen. Die Meinungen von Mitlesern fordern zum Hinterfragen des eigenen Textverständnisses heraus, Informationen werden neu geordnet und gewichtet. Diese „Handlungen" mit Texten garantieren ein Lernen, das auf höheren Stufen der Wissensverarbeitung (Bloom, 1972) stattfindet:

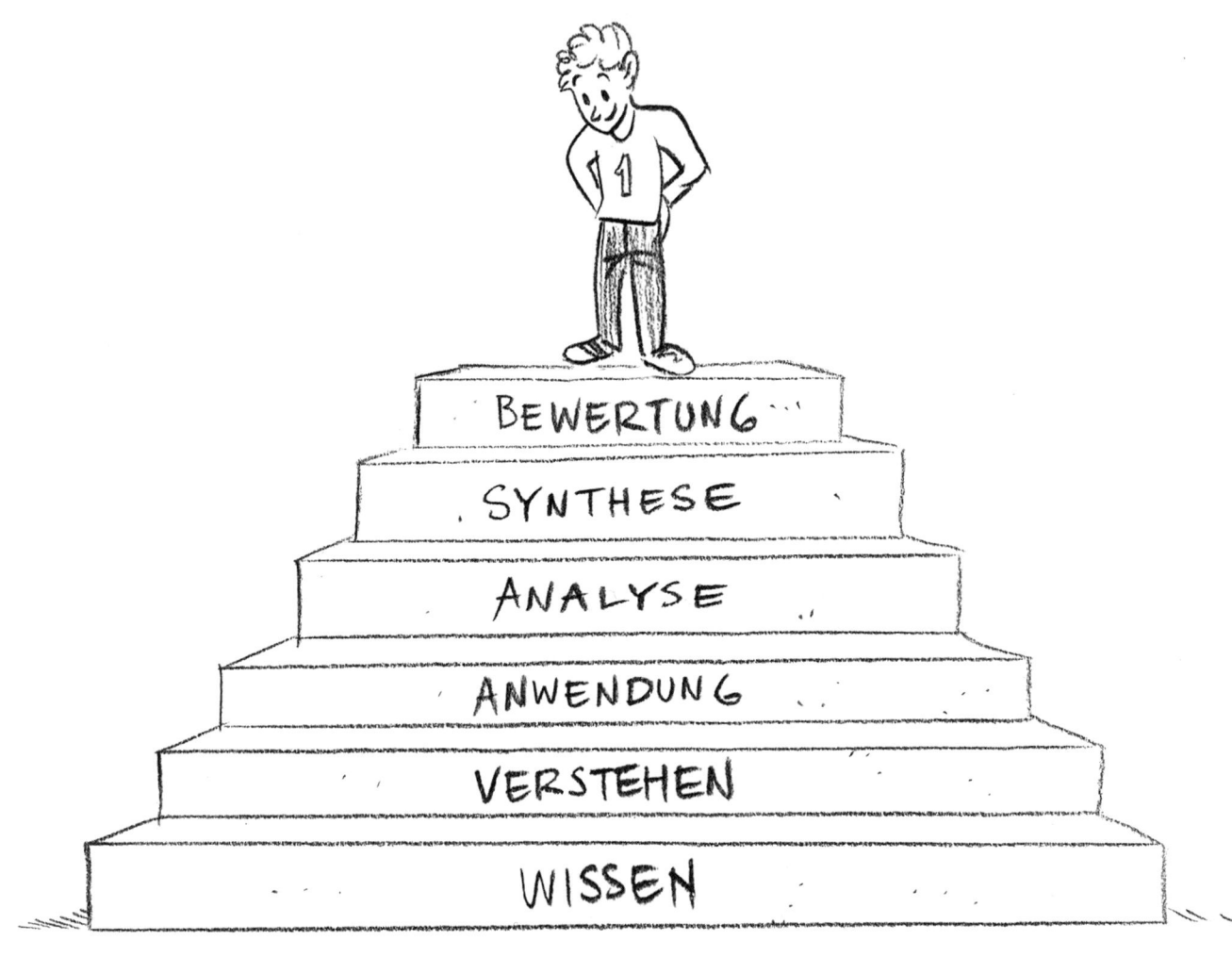

Anhand einer kooperativen Lesestunde lässt sich zeigen, wie die einzelnen Lernziele nach Bloom erreicht werden können:

Die Schüler lesen zunächst arbeitsteilig einen Sachtext mit der Methode „Pair-Check", „Graffiti" oder „Reziprokes Lesen" - abrufbares Wissen wird erlangt. (Brüning/Saum, 2006). Die Schüler äußern in einem ersten Gespräch mit ihrem Partner ihr Verständnis des Textes und klären es mit dem Verständnis des Partners ab – sie fassen Informationen zusammen und verstehen den Inhalt des Textes. Nun wird mit dem Partner geklärt, inwieweit diese neuen Informationen zu ihren bisherigen Arbeitsergebnissen passen, welche der neuen Informationen für die Weiterarbeit genutzt werden sollen – die Möglichkeit der Anwendung wird besprochen. Die ausgesuchten Informationen werden nun für die Weiterarbeit genutzt, Zusammenhänge werden hergestellt, kausale Verknüpfungen werden erkannt – die Analyse des Gelesenen macht die neuen Informationen nutzbar. In der Synthese verarbeiten die Schüler die neuen Informationen weiterhin, indem sie Vermutungen über Folgen oder größere Zusammenhänge anstellen. Dies geschieht in der kooperativen Stunde, indem die Paare oder Kleingruppen überlegen, wie sie das neue Wissen für die eine Vierergruppe oder die ganze Klasse nutzbar machen können: „Welche Informationen sind interessant, wie können wir sie präsentieren?"

Im letzten Schritt, der Bewertung ordnen die Schüler wie etwa in einem Placemat, die neuen Erkenntnisse aus dem Text und der Diskussion darüber. Sie werden gemäß ihrer Relevanz für das weitere Arbeiten oder des Ziels der Klasse sortiert und evaluiert: „Was sind die wichtigsten, interessantesten fünf Informationen aus dem Text?"

In einem Leseunterricht, der kooperativ angelegt ist, erfüllt sich das Prinzip des integrativen Deutschunterrichts durch die oben beschrieben Schritte der Informationsverarbeitung von selbst: Die Schüler lesen den Text, konstruieren durch mündliche Kommunikation und Kooperation seinen Sinn und verarbeiten die so gewonnenen Informationen und Erkenntnisse durch das Schreiben eigener Texte weiter.

Dieser Ablauf und das Zusammenspiel der verschiedenen Fertigkeiten stehen immer im engen Zusammenhang mit dem Leseziel und werden nicht um ihrer selbst willen vom Lehrer konstruiert. Texte werden immer genutzt, um Informationen für die Weiterarbeit zu beschaffen und zu verwerten, um eigene kreative Ideen zu entwickeln oder um als Grundlage für eine Diskussion zu dienen.

Im herkömmlichen Leseunterricht endet die Interaktion mit dem Text oft schon auf der ersten Stufe: Die Schüler lesen einen Text in Einzelarbeit und nehmen unterschiedlich viele oder wenige neue Informationen auf, ohne sie einzuordnen oder für eine weitere Verwendung nutzbar zu machen.

 **Lesezirkel (Reziprokes Lesen)**

Ziel: Gemeinsames Erlesen eines längeren Textes

Durchführung: Der gesamte Text wird vom Lehrer vor der Stunde in sinnvolle Textabschnitte eingeteilt (z.B. für jedes Team ein Abschnitt, insgesamt sechs Gruppen á vier Schüler). Der von jedem Team zu lesende Märchenabschnitt wird dann noch einmal in vier weitere sichtbare Sinnabschnitte unterteilt. Die Teams bekommen zusätzlich folgende Karten für ihre Zusammenarbeit:

Vorlesen – Zusammenfassen – Fragen – Vermuten

Zunächst wird der erste Abschnitt im Team still gelesen (Jedes Kind besitzt eine Textkopie), dabei kann auch markiert und Sinn- und Verständnisfragen können geklärt werden.

Gemäß den verteilten Arbeitskarten erarbeitet sich das Team die einzelnen Abschnitte seines Textes:

◆ Der Vorleser beginnt mit dem halblauten Vorlesen des ersten Abschnitts.

◆ Der Schüler mit der Karte „Zusammenfassen" fasst den vorgelesenen Abschnitt mit eigenen Worten zusammen.

◆ Der Schüler mit der Karte „Fragen" stellt eine oder mehrere Fragen zu dem Abschnitt, die alle Gruppenmitglieder mit Fingermeldung beantworten können.

◆ Das vierte Team-Mitglied mit der Karte „Vermuten" macht einen Vorschlag, wie das Märchen weitergehen könnte.

Anschließend werden die Karten im Uhrzeigersinn weitergereicht, so dass jedes Kind alle Kartenaufgaben einmal bewältigen muss.

Tipp: Diese Methode scheint zunächst sehr aufwändig, wenn es um das bloße Erlesen eines Textes geht. Es ist jedoch zu beachten, dass durch das gemeinsame Lesen im Lesezirkel weitaus mehr Lernziele des integrativen Deutschunterrichts – insbesondere des handlungs- und produktionsorientierten Literaturunterrichts – erreicht werden können (**Sprechen über Texte, Sprechen über das Lesen, Austausch über Textverständnis, Fragen stellen, Paraphrasieren, Antizipieren, ...**). Der Aufwand lohnt sich also durchaus, und die Schüler werden die Kompetenzen, die sie hier im Umgang mit Texten und im Gespräch darüber erlernen, in den darauf folgenden Unterrichtssituationen übertragen können.

Ziel: Gemeinsames Erlesen eines umfangreichen Textes

Durchführung: Ein Text wird vom Lehrer auf die Kopiervorlage „Pair Check Lesen" übertragen. Der Arbeitsauftrag enthält sowohl die Anweisung für das abwechselnde Vorlesen als auch einen zweiten Schritt: den der Verarbeitung des Gehörten. Dies kann durch Markieren, Herausschreiben des wichtigsten Wortes, Umschreibung des Inhalts in eigenen Worten, etc. geschehen. Der Text wird aufgeteilt, je nach Lesekompetenz der Schüler in größere oder kleinere Einheiten (zunächst nur ein Satz pro Spalte). Der erste Schüler (A) liest den ersten Satz vor. Schüler B führt den zweiten Schritt durch, schreibt etwa ein wichtiges Wort auf. Danach wechseln sich die Schüler A und B ab und Schüler B liest den nächsten Satz vor.

Tipp: Um allen Schülern diese Form der Zusammenarbeit deutlich zu machen, ist es sinnvoll, ein Partnerteam den Arbeitablauf vor der Klasse demonstrieren zu lassen.

Kopiervorlage
im Anhang

3.6 „Schreib das so, das ist gut!" – Methoden zum gemeinsamen Schreiben und Überarbeiten von Texten

Schreiben bedeutet Handeln. Dieser Aufgabenschwerpunkt macht deutlich, dass Schreiben nicht um des Schreibens willen gelehrt wird, sondern um den Kindern weitere Handlungsmöglichkeiten an die Hand zu geben, die ihre Möglichkeiten der kommunikativen Auseinandersetzung erweitern.

Das heißt, dass Schüler das Schreiben und Rechtschreiben in einem aktiven, durch Beispiel, Reflexion und Anleitung unterstützten Prozess erlernen sollen. Schreiben findet also stets in einem für die Kinder sinnvollen Zusammenhang statt. Das deutliche, lesbare und orthographisch richtige Schreiben steht immer in Verbindung mit dem Schwerpunkt des Schreibziels – etwas für jemanden (oder für sich selbst zum späteren Gebrauch) aufzuschreiben.

Im herkömmlichen Schreibunterricht wurde der Text fast immer für den Lehrer als Leser geschrieben. Die mit kleinen Anmerkungen und vor allem den Hinweisen auf Rechtschreibfehlern versehene Version ging wieder an den Verfasser zurück, der sie schließlich (oft ohne das nötige, tiefere Verständnis) überarbeitete, um sie dann wieder an den Lehrer zu geben, der diese Version dann als „Berichtigung" akzeptierte, ohne die individuelle Sichtweise des Schülers durch eine intensives Feedbackgespräch anschließend kooperativ zu erarbeiten.

Ein fiktiver Leser für einen Brief, eine Kochanleitung oder einen Steckbrief reicht Kindern nicht aus. Es müssen Situationen geschaffen werden, in denen das Geschriebene eine Verwendung findet.

Genauso wichtig wie das Schreiben selbst ist es, im zeitgemäßen Schreibunterricht aber, (Mit)Leser für die Texte der Kinder zu finden, die als kritische Leser einen Text lesen und Hinweise für eine sinnvolle Überarbeitung geben. Es spricht eher für das fehlende Vertrauen in die Fähigkeiten der Kinder, dass von 30 verfügbaren Lesern im Raum nur der einer, und zwar der Lehrer, als fähig erachtet wird, die Texte der Schüler zu lesen und Rückmeldungen darüber zu geben.

Eine Veränderung brachten Gudrun Spittas Schreibkonferenzen, in denen Kinder in einer Gruppe gemeinsam an der Geschichte eines Kindes arbeiten (Spitta 1983). Hier werden die Mitschüler als kompetente Leser und Überarbeiter gesehen. Das kooperative Lernen erweitert diesen Gedanken noch. Wir haben in unserem Unterricht beobachtet, dass Kinder in einer kooperativ angelegten Situation Texte gemeinsam nicht nur überarbeiten, sondern auch planen und sogar schreiben können.

Wir möchten das individuelle Schreiben, das freie Schreiben und auch das übende Schreiben nicht ersetzen. Es bieten sich jedoch im kooperativen Unterricht viele Gelegenheiten, Texte gemeinsam für einen gemeinsamen Zweck zu verfassen. Für die Planung eines Textes können in der Gruppe wesentlich umfangreichere Informationen gefunden werden als in Einzelarbeit, was die Einheit „Was wir schon alles wissen – Steckbriefe für Haustiere planen" zeigt. Der Schreibprozess selbst kann durch die Arbeit in der Gruppe aufgebrochen werden, was zum Beispiel die rechtschriftliche Überprüfung während des Schreibens einfacher macht, wie in der Einheit „Rechtschreibung erlernen, Diktattexte üben". Um individuell verfasste Geschichten zu überarbeiten, müssen den Schülern konkrete Mittel an die Hand gegeben werden, damit sie sachgemäß Kritik üben und gemeinsam Möglichkeiten zur Verbesserung des Textes finden können. Die Unterrichtseinheit „Wir werden Überarbeitungsprofis" zeigt, wie die Schüler anhand signifikanter Methoden gemeinsam ihre Texte überarbeiten. Die hier von Mitschülern geleistete Arbeit geht weit über die im herkömmlichen Unterricht von den Schülern gegebene Rückmeldung an die Verfasser von Texten heraus, weil sie strukturiert und konkret ist.

Eine häufige Frage zum Schreiben in Gruppen ist die nach der Heterogenität der Schreibkompetenzen innerhalb der Teams. In jeder Gruppe verteilen sich die Kompetenzen, was das Schreiben, Lesen oder Präsentieren betrifft, sehr unterschiedlich. Besonders in jahrgangsgemischten Klassen, immer häufiger aber auch in altershomogenen Gruppen müssen diese teils gravierenden Kompetenzunterschiede in der Planung von Schreib- und Leseaufgaben berücksichtigt werden.

Beim Kooperativen Lernen gibt es verschiedene Verfahren, auf diese unterschiedlichen Vorraussetzungen einzugehen. Zunächst bietet die Verteilung von Rollen die Möglichkeit, starke Schreiber als Schreiber für die Gruppe einzusetzen. Dies entspricht dem Prinzip des Kooperativen Lernens, dass jeder Schüler eine Aufgabe erfüllen sollte, die seine individuellen Fähigkeiten aufgreift und weiterentwickelt. Dies wird ermöglicht, indem zum Beispiel schwache Schreiber einen weniger umfangreichen Textteil schreiben. Sie werden zudem durch die Gruppe zum Herangehen an eine für sie schwierige Schreibaufgabe gestützt und ermutigt. Hilfestrategien werden gemeinsam erarbeitet, sie machen im kooperativen Lernen mehr Sinn als im konventionellen Unterricht, da hier das Ziel meist so gestaltet wird, dass alle Team-Mitglieder kompetent werden.

Placemat zur Textplanung

Ziel: Gemeinsames Planen eines Textes

Durchführung: Je vier Schüler erhalten eine A3-Vorlage Placemat. Der Lehrer gibt die Kriterien für den zu planenden Text vor, oder wiederholt sie, wenn sie bereits erarbeitet wurden. Zunächst hat dann jeder Schüler Zeit, seine Ideen für den Text stichwortartig in seinem Feld des Placemats festzuhalten. In dieser Phase wird nicht miteinander gesprochen. Auf ein akustisches Zeichen hin stellen die Schüler ihre Ideen vor und einigen sich auf wichtige Bausteine des Textes. Diese werden vom Schreiber wiederum stichwortartig in der Mitte des Placemats festgehalten.

In der dritten Phase kann nun jeder Schüler selbst den Text verfassen, mit Hilfe der Informationen aus dem Placemat – oder ein gemeinsam verlaufender Schreibprozess beginnt.

Kopiervorlage im Anhang

Pair-Check zur Überarbeitung

Ziel: Überarbeitung von Texten

Durchführung: Jedes Paar erhält ein Arbeitsblatt (Pair-Check) mit einem fehlerhaften oder noch nicht gut formulierten Text, der gemeinsam bearbeitet werden soll.

Der Leser erhält die Aufgabe, das erste Beispiel aus der linken Spalte dem Partner vorzulesen, danach zu formulieren, welches Problem ihm aufgefallen ist und entsprechend des Überarbeitungstipps der Station den Satz zu überarbeiten. Der Schreiber muss seinem Partner zunächst aktiv zuhören und überprüfen, ob der von ihm vorgeschlagene Überarbeitungstipp auf das Beispiel richtig angewendet worden ist. Im Sinne des kooperativen Lernens lobt er seinen Partner, wenn dieser das Beispiel richtig überarbeitet hat oder hilft ihm, wenn er Schwierigkeiten damit hat. Danach hat der Schreiber die Aufgabe, in die linke Spalte den überarbeiteten Satz aufzuschreiben. Anschließend werden die Rollen getauscht.

Ziel: Gemeinsames Schreiben eines Diktattextes mit gegenseitiger Kontrolle

Durchführung: Für die Partnerarbeit erhalten die Schüler ein Blatt mit der Vorlage „Schnittkreis" und den Übungstext. Der Text ist vom Lehrer so aufgeschrieben, dass sowohl Partner A als auch Partner B ein eigenes Textblatt bekommen, auf dem jeweils nur die Sätze stehen, die auch nur von dem jeweiligen Partner diktiert werden. Dies hat den Vorteil, dass die Kinder genau wissen, welchen Teil sie diktieren und welchen sie schreiben müssen. Anschließend werden die Texte getauscht und auch dann ist den Kindern klar, dass sie nun jeweils den anderen Teil diktieren bzw. schreiben müssen.

Die Aufgabenstellung im Überblick:

◆ Partner A diktiert, Partner B schreibt in den Kreisabschnitt, welcher unmittelbar vor ihm liegt.

◆ Partner B diktiert, Partner A schreibt ebenfalls in seinen Kreisabschnitt.

◆ Letztlich wird der gesamte Text noch einmal diktiert und von beiden Partnern in die Mitte des Schnittkreises geschrieben.

Tipp: Es besteht hier auch alternativ die Möglichkeit, dass der Partner A erst seinen Teil ganz diktiert, während Partner B die ganze Zeit nur schreibt. Erst dann werden die Rollen getauscht (also nicht nach jedem Satz die Rollen tauschen). So kann sich der schreibende Partner zunächst nur auf die Aufgabe des Schreibens konzentrieren.

Die Lehrperson kann abhängig von ihrer Einschätzung der Schülerfähigkeiten selbst entscheiden, welche Variante für ihre Schüler sinnvoller ist.

 **Schreibkette**

Ziel: Gemeinsames Schreiben einer Geschichte

Zusammenhang: Aufschreiben einer gemeinsam erfundenen Geschichte, etwa mit dem Geschichtenbauplan

Durchführung: Diese Methode eignet sich besonders, wenn zuvor die Geschichte schon mündlich erzählt wurde, zum Beispiel mit der Methode des Geschichtenbauplans (vgl. Unterrichts-Einheit 12).

In jedem Team beginnt ein Team-Mitglied mit der mündlichen Formulierung des ersten Satzes der Geschichte, der von dem Überprüfer kontrolliert und von dem Schreiber anschließend aufgeschrieben wird. Reihum werden die Sätze für die Geschichte mündlich formuliert, überprüft und aufgeschrieben.

Tipp: Damit die Team-Mitglieder sich während des Formulierens des Satzes nicht ins Wort fallen, hat jedes Team eine Rede- und drei Zuhörkarten. Die grüne Sprechblase (Redekarte) besitzt das Teammitglied, das den Satz formuliert, während die anderen Mitglieder währenddessen ein rotes Ohr als Karte (Zuhörerkarte) in der Hand halten. Die Karten zeigen den Schülern, in welcher Rolle sie sich gerade befinden. Der Sprecher darf von den anderen Mitgliedern nicht unterbrochen werden. Erst nachdem das Team-Mitglied seinen Satz formuliert hat, darf das Team eine Rückmeldung geben.

In dieser Phase ist besonders wichtig, dass die Team-Mitglieder sich gegenseitig unterstützen und helfen, um das gemeinsame Ziel (Geschichte) zu erreichen. Falls Team-Mitglieder Schwierigkeiten haben, Sätze zu formulieren, haben sie die Möglichkeit die Sprechblase weiterzureichen und maximal drei Mal auszusetzen. So kann leistungsschwächeren Team-Mitgliedern der Druck genommen und gleichzeitig können Lernhilfen angeboten werden.

3.7 So haben wir das gemacht. – Methoden zur Präsentation von Ergebnissen

Richtlinien und Lehrpläne, Pädagogen und Lernpsychologen weisen immer wieder auf die Relevanz von Lernmethoden für das Lernen hin. Zu wissen, wie man sich etwas erarbeitet, ist für Schüler eine Schlüsselqualifikation, die nachhaltiges und transferfähiges Lernen optimiert. Die Schüler sollen angeleitet werden, vielfältige Strategien zur Lösung unterschiedlichster Probleme zu erproben, da die rasante Entwicklung unserer extrem komplexen Wissensgesellschaft die Auswahl eines zu lernenden „Basiswissens" oder „Allgemeinwissens" immer schwieriger macht. Kompetenzen wie Eigenmotivation, Kooperation und die Fähigkeit zum Finden alternativer Lösungswege haben die konventionelle, eher instruktive Vermittlung von Wissen verdrängt.

Und doch fordern landesweite Vergleichsarbeiten und internationale Schulvergleiche genormte Ergebnisse von der Institution Schule und verlangen abrufbares Wissen und vergleichbare Fertigkeiten von Schülern. Diese Entwicklungen lassen Kollegen zuweil in alte Verhaltensweisen, wie das schrittweise Einüben und Antrainieren abrufbaren Wissens verfallen.

Es scheint schwerer als es ist, einen sinnvollen Mittelweg zwischen Prozess- und Output-Orientierung zu finden. Aber Arbeit, die im Prozess stimmig ist, die alle Schüler in ihren Möglichkeiten fördert, ihnen aber auch durch klare Ziele und ein hohes Maß an Motivation ihr Möglichstes abverlangt, resultiert zwangsläufig in guten Ergebnissen.

Legen wir den Fokus aber wieder auf die Schüler: Vor allem für die Mitglieder eines Teams selbst ist das Ergebnis ihrer Arbeit wichtig. Sie wollen zeigen, was sie in der Gruppe diskutiert und erarbeitet haben. Gerade auch jüngere Schüler benötigen zeitnahe Rückmeldungen und vor allem Wertschätzung für die Ergebnisse ihrer Arbeit.

Als Lehrer würdige ich den Arbeitsprozess in der Gruppe als großen Teil des Lernergebnisses, darf aber den Blick auf das Ziel, das ich auch meinen Schülern gegenüber als bedeutsam und wichtig definiert habe, nicht verlieren.

Die Phase der Präsentation von Ergebnissen kann zudem als eigenständige, bedeutsame Lernsituation betrachtet werden. Sie ist immer eine kommunikative Situation, je nachdem, wie sie gestaltet ist: entweder durch einseitige (Vortrag) oder auch gegenseitige (siehe Methoden unten) Kommunikation geprägt. Kompetenzen wie „Vor anderen sprechen", „Anderen über die eigene Arbeit berichten", etc. erfahren hier einen sinnvollen Zusammenhang mit der geleisteten Arbeit. Gestützt durch die Gruppe können sich auch zurückhaltende Schüler zutrauen, die Ergebnisse der Gruppe selbstbewusst vorzutragen und sie tun dies erfahrungsgemäß auch sicherer, wenn sie das Ergebnis nicht nur ihrer eigenen Arbeit, sondern das einer starken Gruppe im Rücken haben.

In der klassischen Präsentation von Gruppenergebnissen stellt eine Gruppe ihre Arbeit dem Klassenplenum vor und alle anderen Schüler hören der Präsentation zu. Auch wenn wir diese zentrale Form der Präsentation im Kreis oder vor dem

Theaterhalbkreis nicht ersetzen wollen, birgt sie doch einige Risiken und Probleme: Alle Kinder, vor allem jüngere, sind gespannt darauf, ihr Ergebnis vorzustellen und Lob und Anerkennung dafür zu ernten. Bei einer Lerngruppe von beispielsweise 27 Schülern gäbe es neun Gruppen mit jeweils drei Kindern. In einer klassisch geplanten Präsentationsphase von zehn Minuten hätten von diesen Gruppen zwei, höchstens drei, die Möglichkeit ihre Ergebnisse vorzustellen und eine sehr kurze Rückmeldung für ihre Arbeit zu erhalten. Man würde die Präsentationen in den folgenden Stunden fortsetzen. Dies hat aber oft zur Konsequenz, dass die Präsentation zeitlich so weit von der eigentlichen Arbeit entfernt ist, dass Anregungen der Mitschüler und des Lehrers keine weitere Verwendung in einer etwaigen Überarbeitungsphase mehr haben. Zudem ist die Erinnerung an den Verlauf der Arbeit, an Verfahrensweisen, Probleme und Lösungsstrategien der Gruppe am nächsten Tag natürlich schwächer. Wir wollen diese Präsentationsformen durch einige kooperative Methoden zur Präsentation von Gruppenergebnissen ergänzen. Sie sollen Möglichkeiten bieten, auch Teilergebnisse während der Arbeit, und zwar immer dann, wenn es für die Weiterarbeit nötig ist, mit anderen zu besprechen und sich Rat für die Weiterarbeit zu holen. Die „Meeting-Points" aus der Einheit „Oh wie schön ist Panama" bieten hierfür ein gutes Beispiel. Aber auch die Präsentation von Endergebnissen kann in kooperativen Situationen geschehen. Das erfordert Vertrauen vom Lehrer: Kann ich die Verantwortung, ein Ergebnis anzuhören, zu loben oder Verbesserungsvorschläge zu machen, an meine Schüler abgeben?

> Wir glauben, dass es sich lohnt, die Schüler anzuleiten, ihre Ergebnisse nicht nur in der Klasse vorzustellen, sondern sie auch mit anderen Schülern zu diskutieren, sich von ihnen loben und helfen zu lassen.

Sie schaffen mit diesen Methoden zudem vielfältige kommunikative Situationen im Feld „Sprache reflektieren", welche im Unterrichtsalltag oft nicht genügend Berücksichtigung finden: In kooperativen Lernarrangements sprechen Schüler über Lese- und Schreiberfahrungen und tauschen sich aus über Lösungsstrategien und die Zusammenarbeit in der Gruppe. Die Phasen der Ergebnispräsentation und der Reflexion überschneiden sich im Gespräch der Schüler untereinander. Es macht Sinn, eine Frage zum Ergebnis mit dem Lösungsweg der Gruppe zu beantworten. Stellt ein Schüler eine Frage zum Ergebnis einer anderen Gruppe, können die Mitglieder dieser Gruppe gut antworten, indem sie ihren Weg zur Lösung erklären. Das Gespräch über die gemeinsame Arbeit dient alo einem direkten Zweck und findet nicht nur um seiner selbst willen statt.

Der entscheidende Vorteil gegenüber konventionellen Präsentationsphasen besteht darin, dass alle Schüler aktiv sind. Der Redeanteil der einzelnen Gruppenmitglieder ist bei einer Präsentationsphase mit dem „Rasenden Reporter" unvergleichlich höher, als in konventionell geplanten Präsentationsphasen. Jedes Mitglied der Gruppe übernimmt einmal die Aufgabe, das Ergebnis zu präsentieren, und kann sich dies auch zutrauen, weil es nur vor einer kleinen Gruppe steht und nicht vor der ganzen Klasse.

Meeting Points (oder Treffpunkte)

Ziel: Präsentation oder Zwischenpräsentation

Durchführung: Meeting-Points sind mit Teppichfliesen gekennzeichnete, Treffpunkte, die im Klassenraum verteilt sind. Schüler, die mit ihrer Ausarbeitung fertig sind, haben auf diese Weise die Möglichkeit, sich mit anderen auszutauschen, die zeitgleich ihre Arbeit beendet haben. Die Kinder, die sich noch in der Arbeitsphase befinden, werden so nicht in ihrer Arbeit unterbrochen oder gestört. Ist ein Paar mit seiner Präsentation fertig, können sich die Schüler einen neuen Meeting-Point suchen und wiederholt mit einem anderen Partner in einen Austausch kommen.

Tipp: Die in der Besprechung zu beachtenden Kriterien (aus der Zieltransparenz) können als Karten an jeder Station ausgelegt werden. Sie sollen die Schüler daran erinnern, wie man eine Präsentation durchführt und wie man sich als Zuhörer verhalten soll.

Rasender Reporter (One stray, three stay)

Ziel: Präsentation von Gruppenarbeitsergebnissen. Ein Verfahren, um die Ergebnisse des Teams möglichst vielen anderen Teams vorzustellen und auch die Ergebnisse anderer Teams kennen zu lernen.

Durchführung: Drei Team-Mitglieder bleiben am Arbeitsplatz sitzen, während das vierte Mitglied, der Reporter, zum nächsten Team wechselt und dort das Teamergebnis (evtl. mit Bildern, Lernplakaten) vorstellt. Er erhält Rückmeldung sowohl über seinen Vortrag als auch über das Ergebnis. Er kehrt zu seiner Gruppe zurück und berichtet vom Feedback.

Dann ist ein anderes Kind der Reporter und berichtet an einem neuen Tisch, bis möglichst alle Kinder einmal berichtet haben und alle Teams alle Ergebnisse der anderen Gruppen kennen.

3.8 „Wer weiß, was er kann, weiß, dass er kann" – Gruppenevaluation im Sinne des Kooperativen Lernens

Die Evaluation schulischen Lernens ist zum Reizwort für Lehrer geworden: Landesweite Vergleichsarbeiten, neue Lehrpläne und Arbeitspläne für alle Fächer, die Erstellung von Beobachtungs- und Evaluationsbögen zur besseren Förderung des einzelnen Schülers – all diese Arbeiten sind in den letzten Jahren für uns Lehrer verbindlich gemacht worden. Die Intentionen der verantwortlichen Stellen sollen hier nicht in Frage gestellt werden, eine dauerhafte Qualitätssicherung und -verbesserung der Unterrichtskultur ist nicht nur erstrebenswert, sondern längst überfällig im deutschen Schulsystem. Die Gesellschaft erwartet von den Schulen mit Recht verlässliche Qualifikationen der Schüler (insbesondere kommunikative und kooperative Kompetenzen). Wir sollten dennoch Wert darauf legen, dass wir, vor allem in der Grundschule, vor allen anderen gesellschaftlichen Forderungen, die individuellen Lernprozesse unserer Schülern im Blick haben, sie initiieren, begleiten und auch bewerten wollen.

So sollte uns vor jeder Bewertung das Ziel klar sein:

Bewerte ich meine Schülcr

◆ um ihren Lernstand zu diagnostizieren?

◆ um das Erreichen eines Lernziels oder Teilziels zu bestätigen?

◆ um meine Schüler durch positive Verstärkung zu motivieren weiterzuarbeiten?

◆ um meine eigenen Aufzeichnungen zu unterstützen, zur Notengebung?

◆ um meinen Schülern ihre Leistung und ihr Können vor Augen zu führen? (Johnson/Johnson/Holubec, 2002)

Die Ziele, wie auch die möglichen Teilerfolge auf dem Wege dahin und die Kriterien, nach denen wir einzelne Kinder bewerten, müssen also vor der Planung eines Bewertungsgesprächs oder einer sonstigen Bewertungsphase (Test, Evaluationsbogen etc.) geklärt sein.

Das Ziel der Bewertung bestimmt auch die Art und Weise der Bewertung:

◆ Zur Diagnose benötige ich einen Test, der die ganze Bandbreite meiner Klasse erfasst, um auch die oberen Leistungsstufen zu erreichen – also ein Verfahren, welches vielleicht viele meiner Schüler überfordert.

◆ Zur Motivation und um meinen Schülern ihr Können und ihre Kompetenzen bewusst zu machen, eignet sich ein Gespräch der Gruppen untereinander und ein Gespräch in der Klasse über die beobachteten Verhaltensweisen, die zum Erfolg einer Gruppe geführt haben. **(Kopiervorlage: Team-Laufpass, Zielscheibe, Gruppenbaum, Gruppendino)**

◆ Um eine ins Stocken geratene oder durch längere Zeit unterbrochene Gruppenarbeit wieder effektiv anzufangen, eignen sich Methoden, in welchen sich die einzelnen Gruppenmitglieder an die Arbeit erinnern, die schon geschafft ist. Methoden, die geeignet sind, die Erfolge anderer Schülern zu berichten und neue Ideen zur Weiterarbeit von diesen zu erhalten. **(Kopiervorlage: Karussell)**.

◆ Als Abschluss einer Gruppenarbeit, zur Bestärkung und Belohnung eignen sich Verfahren der Evaluation, in denen die Gruppen positive Kritik über ihr Arbeitsergebnis von außerhalb, im Idealfall von anderen Gruppen, erhalten. **(Kopiervorlage: Team-Check)**

◆ Zur individuellen Reflexion über den eigenen Beitrag zum Teamerfolg eignen sich Reflexionsbögen aller Art. Diese sollten auf die Schreibfertigkeiten sowie auf den Grad der Abstraktionsfähigkeit der Schüler abgestimmt sein. **(Kopiervorlage: Buddy-Book, Eismann, individuelle Zielscheibe).**

Genauso wichtig wie die didaktische Reflexion der Ziele ist es, dass diese Ziele unserer gemeinsamen Arbeit in der Klasse natürlich auch den Schülern vermittelt werden. Nur so ist eine angemessene Reflexion der eigenen Arbeit, ein Erleben von Erfolg und somit eine Bestärkung des Selbst und der Gruppe möglich.

„Gruppenbewertung kann man definieren als Nachdenken über die Gruppenarbeit, um zu beschreiben, welches Verhalten der Gruppenmitglieder hilfreich war, und um zu entscheiden, welche Verhaltensweisen fortgesetzt und welche unterlassen werden sollen." *(Johnson/Johnson, 2002)*

Die hier gezeigten Aktivitäten zur Gruppenevaluation sollen eine Reflexion ermöglichen, die über die übliche Frage „Wie hat die Arbeit bei euch geklappt?", die oft nur unreflektierte Antworten der Schüler zur Folge hat, hinausgeht. Die von uns vorgestellten Verfahren ermöglichen den Schülern nicht nur einen differenzierten und immer qualifizierteren Blick auf die eigene Leistung, sondern geben auch Einblick in Gruppenprozesse und die Dynamik, die durch eine Zusammenarbeit mit den Mitschülern entstehen kann. Die Schüler verstehen, dass bestimmte soziale und kommunikative Fertigkeiten trainiert werden, um Gruppenziele besser zu erreichen. Es wird ihnen klar, dass diese positiven Verhaltensweisen gesehen, gewürdigt und auch bewertet werden und im gleichen Maße wertgeschätzt werden wie das erreichte inhaltliche Ziel der Gruppe.

Gleichzeitig versuchen wir unsere Aktivitäten auf die spezifischen Voraussetzungen der Grundschule und auch auf die jungen Lerner abzustimmen. Es zeigte sich in unserem Unterrichtsalltag, dass gerade Schüler der Schuleingangsphase motiviert sind, soziale Fähigkeiten zu üben. Der emotionale Aspekt des Lernens ist ihnen noch viel näher und es fällt ihnen leichter, sich beispielsweise gegenseitig überschwänglich zu loben und einander Mut zu machen. Setzt man die Methoden zur Gruppenevaluation gerade im Bereich der sozialen Fähigkeiten frühzeitig ein, um dieses Verhalten zu unterstützen, schafft man eine Grundlage von unschätzbarem Wert für die zukünftige Arbeit in der Klasse.

Eine Auflistung den Gruppenprozess unterstützender sozialer und kommunikativer Verhaltenweisen sowie deren explizites Training finden Sie in Green/Green, 2005 und Bochmann/Kirchmann, 2006.

◆ Durch Gruppenevaluation reflektieren die Schüler gezielt den Lernprozess der Gruppe.

◆ Es entstehen qualifizierte Gespräche der Schüler untereinander über Anstrengung, gemeinsame Leistung und Erfolg.

◆ Gruppenevaluation zeigt den Schülern, dass sie in einer Gruppe erfolgreich lernen können und gibt ihnen ein Gefühl von Sicherheit und Mission im Sinne des guten Selbstbewusstseins.

Die Rolle des Lehrers bei der prozessorientierten Bewertung kooperativer Lernprozesse unterscheidet sich deutlich von den Bewertungsgewohnheiten individueller oder konkurrierender Arbeit:

Vor der Arbeit

In kooperativen Lernphasen gibt der Lehrer vor Beginn der Gruppenarbeit eine eindeutige Zieltransparenz, die sich jedoch nicht nur auf das zu erreichende Gruppenziel, sondern vor allem auch auf Teilziele und zu übende Verhaltensweisen, die das Erreichen des Ziels unterstützen, beziehen.

Während der Arbeit

Der Lehrer hat sich selbst in der gut organisierten kooperativen Stunde scheinbar überflüssig gemacht. Die Schüler organisieren ihre Arbeitsmittel, ermutigen sich gegenseitig und wissen, auf welche Hilfen sie bei Problemen zurückgreifen können. Die gewonnene Zeit sollte der Lehrer nicht nur zur zusätzlichen Unterstützung einzelner Gruppen nutzen. Gezielte Beobachtungen mit Hilfe geeigneter Mittel (Beobachtungstagebuch, Checklisten, Kriterienkatalogen, ...) ermöglichen eine fundierte Bewertung der einzelnen Schüler. Vor allem aber erbringen sie wertvolle Rückschlüsse für den Lehrer selbst: War meine Zielsetzung deutlich? Sind die Schüler motiviert? Sind ihnen die Teilkompetenzen, die geübt werden sollen, klar (auch die sozialen)? Funktioniert die positive gegenseitige Abhängigkeit, die ich unterstützen wollte?

Unten finden Sie als Kopiervorlage das Beispiel einer möglichen Checkliste. Natürlich sind die Kompetenzen austauschbar, man sollte aber darauf achten, sie möglichst genau zu formulieren, damit eine kurze Notiz in der entsprechenden Zeile genügt, um einen Überblick über die Arbeit in den Gruppen zu erlangen. Achten Sie auch darauf, nicht zu viele Zielsetzungen überprüfen zu wollen, sondern setzen Sie bewusst den Fokus auf einige wenige, die Sie dann aber bei allen Schülern beobachten wollen.

Scheint die Liste der erreichbaren Lernziele in kooperativen Einheiten doch oft sehr lang, so sollte man sie im Rahmen der Zieltransparenz gegenüber den Schülern und – parallel dazu – bei der Lernzielbeobachtung ganz bewusst reduzieren, so dass man nicht den Überblick verliert. Formulieren Sie auch den Schülern gegenüber ganz konkret, warum Ihnen bei der heutigen Arbeit etwas besonders wichtig ist: „Heute lesen wir gemeinsam in den Gruppen. Achtet beim Vorlesen besonders darauf, deutlich zu lesen damit die anderen Kinder euch gut verstehen. Wenn ihr danach das Lernplakat schreibt, könnt ihr das Ermutigen üben, damit jeder von euch gerne am Plakat mitarbeitet."

Die freie Spalte für Beobachtungen und Zitate ist besonders wichtig für die spätere Reflexion mit den Schülern. Hier können förderliche Schüleräußerungen und Verhaltensweisen notiert werden, die dann im Gespräch positiv herausgestellt werden nach dem Motto: **Erwische sie, wenn sie gut sind.**

Checkliste für Kooperative Stunden

Gruppenname	Schülername	Fachliche Ziele		Soziale Ziele			Beobachtungen und Zitate
		Liest deutlich vor	Erkennt und wiederholt das Wesentliche	Bringt sich in die Arbeit am Lernplakat ein	Ermutigt und unterstützt andere Schüler	Hört aktiv zu	
		Liest deutlich vor	Erkennt und wiederholt das Wesentliche	Bringt sich in die Arbeit am Lernplakat ein	Ermutigt und unterstützt andere Schüler	Hört aktiv zu	

Natürlich ist eine solche Checkliste nicht immer notwendig, um die Leistungen der Teams und auch die einzelner Schüler zu beobachten und zu beurteilen. Erste Quelle solcher Informationen ist immer noch die kontinuierliche, professionelle Beobachtung durch den Lehrer. Sie gibt Anlass für spontanes Handeln im Unterrichtsgeschehen und ist nach wie vor Grundlage für pädagogische und didaktische Entscheidungen.

Die Checkliste oder andere Formen der gelenkten Beobachtung und Dokumentation sollen der Überprüfung und Reflexion des eigenen Unterrichts dienen.

Vor allem aber ermöglichen solche Beobachtungsinstrumente es dem Lehrer, auch in kommunikativ-kooperativen Unterrichtsphasen Daten als Grundlage auch für die spätere Leistungsbewertung zu sammeln. Auch im Gespräch mit Eltern und Kollegen bieten sie eine objektivierte Grundlage für Entscheidungen zur weiteren Förderung. Wollen wir kooperative Unterrichtsphasen nicht nur als spielerische Übungsphasen ansehen, sondern als Grundlage für den gesamten Unterricht, so müssen wir die hier erbrachten Leistungen der Schüler nicht nur würdigen, sondern auch systematisch dokumentieren.

Nach der Arbeit

Nach einer Gruppenarbeitsphase nutzt der Lehrer geeignete Methoden zur Gruppenevaluation, um den Schülern ihre Erfolge vor Augen zu führen und Teilziele sichtbar zu machen. Die Methoden zeigen den Kindern auch, welche positiven Verhaltensweisen sie genutzt haben, um das Gruppenziel zu erreichen.

Ziel: Gruppenevaluation

Durchführung: Bei der Präsentation einer Gruppe bekommen alle anderen Gruppen einen Beobachtungsauftrag mit einem klar formulierten Kriterium, unter welchem sie den Vortrag betrachten und nachher bewerten sollen. Auch die Abstufungen und die Form der Dokumentation der Bewertung werden vorher transparent gemacht bzw. mit den Kindern erarbeitet.

Nach dem Vortrag erhalten die Gruppen Zeit, ihre Beobachtungsbögen auszufüllen, und sich mit ihrer Gruppe auf eine Punktzahl zur Bewertung zu einigen (1-10 oder 1-3).

Beispiel: Die Schüler haben in Gruppen Lernplakate zu verschiedenen Sauriern erstellt. Eine Gruppe präsentiert. Die anderen Gruppen erhalten jeweils einen Beobachtungsbogen mit Beobachtungsaufgaben:

Gruppe 1: Sprechen die Kinder laut und deutlich, kann man alles verstehen? Ja/nein

Wechseln sich die Kinder beim Sprechen ab?
Wechseln sie sich ab, wenn es sinnvoll ist? Ja/Nein, weil ...

Erzählen die Kinder frei oder lesen sie ab,
kann man dem Vortrag gut folgen? Ja/Nein, weil ...

Diesen Tipp haben wir noch: _____

Punkte: __

Gruppe 2: Ist das Lernplakat ganz ausgenutzt?

Kann man die Schrift lesen?

Gibt es viele Bilder, und sind diese groß genug?

Enthält das Lernplakat alle Informationen?

Diesen Tipp haben wir noch: _____

Punkte: __

Gruppe 3: Erfahren wir interessante Dinge über den Saurier?

Waren es zu viele/zu wenig Informationen?

Waren auch lustige/überraschende Informationen dabei?

Hat uns der Vortrag neugierig gemacht, noch mehr über diesen Saurier zu erfahren?

Diesen Tipp haben wir noch: _____

Punkte: __

Gruppe 4: Hat präsentiert.

Ganz wichtig: Es können nur Kriterien bewertet werden, die vorher in der Planung und Zielsetzung der Gruppenarbeit besprochen wurden!

Team-Laufpass

Ziel: Gruppenevaluation

Durchführung: Jede Gruppe erhält einen Team-Laufpass, der von einem mit Rollenzuweisung festgelegten oder auch von wechselnden Team-Mitgliedern geführt wird. Nach Bearbeiten der einzelnen Stationen wird der Laufpass ausgefüllt (siehe Kopiervorlage). Am Ende der Arbeit wird der Laufpass vom Team ausgewertet, gute Aspekte werden in der gemeinsamen Besprechung herausgehoben.

Zielscheibe

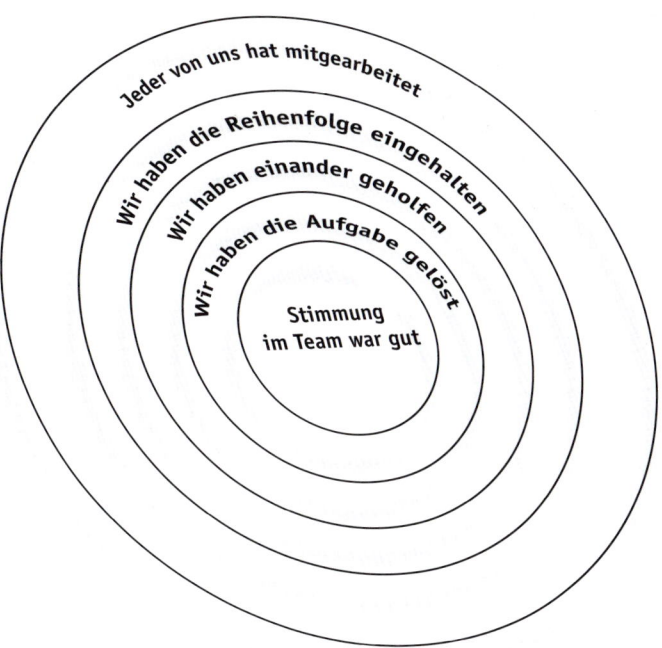

Ziel: Gruppenevaluation

Durchführung: Jedes Team erhält nach der Gruppenarbeit eine Kopiervorlage Zielscheibe Gruppenarbeit. Jedes Kind hat drei Klebepunkte, die es auf die Bereiche kleben kann, die seiner Meinung nach am besten bei der Teamarbeit erfüllt wurden. Gemeinsam werden die Ergebnisse der Zielscheibe ausgewertet.

Kopiervorlage im Anhang

 **Buddy Book**

Ziel: Gruppenevaluation

Durchführung: Jedes Kind faltet vor der Arbeit in der Gruppe ein Buddy Book. Eine Bastelanleitung ist zu finden unter: http://www.kooperatives-lernen.de/dc/CL/ index.

Die einzelnen Seiten können nun Überschriften erhalten oder auch ganz frei als Reflexion nach der Arbeit in der Gruppe beschrieben werden.

Tipp: Mögliche Überschriften können sein:

◆ Das habe ich heute mit meiner Gruppe gemacht:

◆ Das habe ich heute mit meiner Gruppe herausgefunden:

◆ Besonders spannend fand ich heute:

◆ Diese Frage habe ich noch zu unserem Thema:

Karussell

Ziel: Gruppenevaluation

Durchführung: Nach der Gruppenarbeit treffen sich die Schüler im Doppelkreis (Karussell). Der Lehrer gibt nach einem akustischen Signal Gesprächsanregungen/Fragen vor, nach denen die Schüler mit dem jeweils vor ihnen stehenden Partner über die Gruppenarbeit berichten. Der zweite Partner stellt Nachfragen, berichtet aber bis zum nächsten akustischen Zeichen nicht selbst!

Tipp: Mögliche Impulse könnten sein:

◆ Berichte deinem Partner, wer in deiner Gruppe mitgearbeitet hat, und ob du schon einmal mit diesen Kindern gearbeitet hattest.

◆ Berichte deinem Partner, was ihr in der Gruppe herausgefunden habt.

◆ Berichte deinem Partner, was ihr euch in der Gruppe noch vorgenommen habt.

Diese Form der Reflexion eignet sich auch besonders als Zwischenreflexion oder als Wiedereinstieg in die Arbeit nach einem Wochenende.

Unterrichten mit Kooperativen Methoden

Unterrichtsmodelle zum Kooperativen Deutschunterricht

In den meisten der bereits erschienenen Veröffentlichungen oder auch in diversen Fortbildungsveranstaltungen zum Kooperativen Lernen stehen in der Regel die Ziele und die einzelnen Methoden des Konzepts im Vordergrund. Als Lehrer erhält man dadurch ein solides Grundverständnis für die Ziele, den Aufbau und die Durchführung dieser kooperativen Verfahren.

Den nächsten Schritt allerdings, das Zusammenwirken der einzelnen Methoden innerhalb einer Unterrichtsstunde oder Unterrichtseinheit zu gestalten, muss in der Regel im Kontext unterschiedlicher schulischer Bedingungen vom einzelnen Lehrer selbst und ohne Anleitung oder Hilfestellung erprobt werden.

Um sicher in der Gestaltung eines kooperativen Unterrichts zu werden, ist es erforderlich, aus der Vielzahl der zur Verfügung stehenden Methoden diejenigen auszuwählen, die für die angestrebten Lernziele besonders günstig sind. Auch im Kooperativen Lernen haben die eingesetzten Methoden stets nur eine dienende Funktion. Lassen Sie sich daher nicht dazu verleiten, kooperative Methoden um ihrer selbst willen einzusetzen.

Wenn es Ihnen als Lehrer gelingt, durch einen lernzielorientierten, sinnvollen Einsatz kooperativer Verfahren aus Ihrem Methodenrepertoire eine Methodik des kooperativen Unterrichtens zu entwickeln, werden Sie relativ schnell überzeugende Erfolge bei Ihren Schülern beobachten können und zunehmend selbst eine große Sicherheit in der Gestaltung einer kooperativen Lernkultur in ihrer Klasse gewinnen.

In diesem wichtigen Prozess möchten wir Sie mit der Darstellung einer Sammlung von kooperativ gestalteten Unterrichtsmodellen unterstützen, die alle in der praktischen Arbeit von Lehrern entwickelt und erprobt wurden. Sie können am Beispiel dieser Unterrichtseinheiten erkennen, wie es zu einem Zusammenwirken kooperativer Methoden im Rahmen einer Unterrichtsstunde kommen kann und wie dadurch fachliche, methodische und soziale Ziele ganzheitlich bei den Schülern entwickelt werden können.

Wir stellen einerseits Unterrichtseinheiten vor, die nur einige wenige kooperative Unterrichtselemente enthalten, recht leicht zu realisieren sind und bei den Schülern auch nur geringe Vorerfahrungen voraussetzen. Andererseits zeigen wir aber auch einige komplexe kooperative Lernarrangements, die schon mehr Erfahrungen von Lehrern und Schülern verlangen. Sie finden also kooperative Unterrichtsstunden von „ziemlich leicht" bis „ganz schön schwer", um die ganze Bandbreite der Möglichkeiten eines kooperativen Unterrichts sichtbar werden zu lassen.

Die dargestellten Unterrichtseinheiten befassen sich mit Themen des Deutsch-unterrichts in allen Jahrgangsstufen der Grundschule. Wir haben uns ganz be-wusst auf diesen Aspekt der Grundschularbeit beschränkt, weil die Wirksamkeit kooperativer Lern- und Lehrmethoden bei den Intentionen und Aufgaben-schwerpunkten des Faches Deutsch besonders deutlich zu beobachten sind. Zudem ist die sprachliche Förderung von Schülern eine durchgehende Kernauf-gabe in allen Fächern der Grundschule und man kann die Art und Weise, wie dies im Fach Deutsch geschehen kann, leicht auch auf Unterrichtssituationen anderer Fächer übertragen.

Wir haben uns bemüht, alle Unterrichtsmodelle in der gleichen Weise ausführ-lich und übersichtlich zu beschreiben. Sie erhalten stets eine genaue Übersicht über die fachlichen, methodischen und sozialen Ziele, die Aspekte des Kooperati-ven Lernens und die eingesetzten Methoden sowie viele brauchbare Tipps für die Durchführung des Unterrichts. Zudem finden Sie zu jeder Unterrichtseinheit das wichtigste Lernmaterial zum Kooperativen Lernen als Kopiervorlage, damit Sie schnell und ohne Umwege einzelne Teile oder auch die gesamte Unterrichtsstunde ausprobieren können.

Wie bereits erwähnt, sind alle Unterrichtsmodelle aus der praktischen Arbeit von jungen Lehrerinnen hervor gegangen, die von uns auch ausgebildet wurden. Deshalb war es uns möglich, alle hier dargestellten Unterrichtssequenzen in ihrer Durchführung sozusagen „live" zu beobachten. Wir können also für die Authenti-zität der Unterrichtsmodelle wirklich garantieren.

Versuchen Sie durch die Unterrichtseinheiten eine Vorstellung zu bekommen, wie eine kooperativ organisierte Unterrichtsstunde aussieht und gestaltet werden kann. Entwickeln Sie dadurch eigene Ideen für ihre Klasse und scheuen Sie sich nicht, gemäß den Vorerfahrungen Ihrer Schüler die eine oder andere Unterrichtsstunde ganz oder teilweise methodisch nachzugestalten. Hilfreich ist auch, wenn Sie sich bei den ersten Schritten ins kooperative Unterrichten von einem Kollegen oder einer Kolle-gin ganz im Sinne der Kooperation partnerschaftlich begleiten und beraten lassen.

Die Unterrichtseinheiten in der Reihenfolge:

1. Der Montagmorgenkreis mal ganz anders

Aktives Zuhören und Nacherzählen trainieren
Nach einer Unterrichtsidee von Lisa Kreuels

2. Oh, wie schön ist Panama

Handlungsorientierter Literaturunterricht
Nach einer Unterrichtsidee von Karolina Wysocki

11. Ein unheimlicher Ausflug

Einen bebilderten Text nacherzählen
Nach einer Unterrichtsidee von Ludmilla Keller

12. Gemeinsam Geschichten schreiben in einer jahrgangsübergreifenden Klasse (1- 4)

Texte gemeinsam planen und schreiben
Nach einer Unterrichtsidee von Sandra Röder

1. Der Montagmorgenkreis mal ganz anders

Aktives Zuhören und Nacherzählen trainieren

Nach einer Unterrichtsidee von Lisa Kreuels

Intentionen

Die SchülerInnen sollen ihre Fähigkeit und Bereitschaft zur konstruktiven Gesprächsführung verbessern. Sie sollen lernen, in Partnerarbeit und/oder in Kleingruppenarbeit konzentriert und verständnisvoll zuzuhören und sich gegenüber dem/den jeweiligen Gesprächspartner/n klar und verständlich auszudrücken.

Diese Unterrichtseinheit zeigt eine sinnvolle Verbindung zwischen Aufgabenschwerpunkten des Sprechens und des Zuhörens. Durch einen kooperativ gestalteten handlungs- und produktionsorientierten Umgang mit mündlicher Sprache vertiefen die Schüler ihr Hör- und Wiedergabeverständnis. Die Schreibaufgabe besitzt hier eher eine dienende Funktion für die Gespräche im Doppelkreis/Karussell.

Das zentrale fachdidaktische Ziel ist, die Erzähl- und Zuhörmotivation der Schüler zu stärken und sie zu einer vertieften individuellen Kompetenz zu führen. Die Schüler überdenken dazu ihre Erlebnisse des letzten Wochenendes zunächst schriftlich mit Stichworten und versprachlichen diese dann vor einem anderen Kind. Der thematische Inhalt ist so offen gestaltet, dass jeder dazu beitragen kann.

Ein weiteres Ziel der vorliegenden Unterrichtsstunde ist es, den Schülern den Zusammenhang von Zuhören und Wiedergeben zu bieten. Damit liefert dieses Unterrichtsmodell einen sinnvollen Beitrag zu der Idee der Entwicklung einer Kultur des guten Zuhörens und Artikulierens im Rahmen des Deutschunterrichts. Denn die Schüler erfahren immer wieder, dass Erzählen, Zuhören, Wiedergeben und das daraus gewonnene Verständnis eines Sachverhaltes zusammen gehören. Es ist daher wichtig, dass diese Grunderfahrung sich auch später in der Gestaltung des Deutschunterrichts für die Schüler immer wieder erfüllt.

Sprechen und Zuhören ist immer auch soziales Handeln. Das heißt, eigene Gedanken und Gefühle auszudrücken, Informationen zu geben und zu verarbeiten, auf andere einzuwirken, Probleme zu klären und Entscheidungen zu treffen sowie Verantwortung zu übernehmen und mit anderen zusammen zu arbeiten. Die Fähigkeit, eigene Arbeits- und Lernprozesse zu entwickeln und mit anderen zu reflektieren, nimmt ebenfalls einen wichtigen Stellenwert ein. Gelingende mündliche Verständigung erfordert differenzierte Ausdrucksmöglichkeiten auf der verbalen und der nonverbalen Ebene. Schülerinnen und Schüler lernen, sich in Gesprächen an gemeinsam erarbeitete Regeln zu halten, eigene Positionen sachlich und fair zu vertreten, die Überlegungen anderer zu bedenken und ggf. die eigene Sichtweise zu revidieren. Beim Erzählen und beim szenischen Spielen verarbeiten sie Erlebnisse und erproben vielfältige Darstellungsmöglichkeiten für Gedanken und Gefühle. Im reflektierenden Gespräch über die Wirkung der eingesetzten Mittel entwickeln sie ihre Ausdrucksmöglichkeiten und damit ihre Persönlichkeit.

Schwerpunkte sind:

◆ Verstehend zuhören

◆ Gespräche führen

◆ Zu anderen sprechen

◆ Szenisch spielen

Weiterführend entdecken die Kinder durch die gezielte Untersuchung der Sprache und den Sprachgebrauch in konkreten Situationen Muster und Strukturen. Dadurch erweitern sie ihr Wissen über Sprache und lernen dieses Wissen und die dabei gewonnenen Fähigkeiten für die bewusste Sprachproduktion und für die Analyse und Erschließung von Texten anzuwenden

Fachliche Ziele

◆ Fähigkeit und Bereitschaft zur konstruktiven Gesprächsführung verbessern

◆ Anderen aktiv, konzentriert und verständnisvoll zuhören

◆ Sich klar und verständlich mitteilen/ausdrücken

◆ Die Ideen anderer sachlich berichten/nacherzählen

◆ Sich sachbezogen äußern

◆ Eigene Gedanken und Gefühle ausdrücken

◆ Informationen geben und verarbeiten

Methodische Ziele

◆ Die effektive Zusammenarbeit mit anderen

◆ Die Methode Karussell anwenden und genau einhalten

◆ Die Bewertung der eigenen Arbeit anhand von Leitfragen in der Gruppe vertiefen

◆ Gemeinschaftlich ein Arbeitsergebnis präsentieren

Soziale Ziele

◆ Teampartner ermutigen

◆ Probleme und Erfolge des Teams artikulieren

◆ Verantwortung für die Erfüllung der Aufgabe übernehmen

Aspekte des Kooperativen Lernens

Diese Unterrichtsstunde zeigt sehr deutlich, wie man Elemente eines lehrergesteuerten Unterrichts hervorragend mit Aspekten und Methoden des Kooperativen Lernens verbinden kann. Der Austausch wird in Teamarbeit als Karussell organisiert, während die Zwischenreflexion in Vierer-Gruppen und die Präsentation sowie die Endreflexion im Kinokreis erfolgt.

Positive Abhängigkeit

Von den fünf Grundprinzipien des Kooperativen Lernens finden sich in dieser Stunde die folgenden:

◆ **Gemeinsames Ziel** (Selbstbericht und Nacherzählung von Wochenenderlebnissen)

◆ **Reihenfolge** (In Runde 1 berichtet Kind A, während Kind B zuhört und sich ggf. Notizen dazu macht. Kind B gibt das Gehörte wieder. Für die zweite Runde wechseln die Teams und die Aufgabenverteilung von Kind A und B wird getauscht.)

◆ **Ressourcen** (es gibt für jedes Kind nur ein Arbeitsblatt für die eigenen Notizen)

◆ **Außenkraft** (Zeitvorgaben soll die Effizienz sowie die Lernkonzentration der Schüler unterstützen)

◆ **Lernumgebung** (Die Schüler sitzen sich während der Karussell-Methode auf dem Boden gegenüber, um eine hohe Konzentration aufeinander zu haben)

Individuelle Verantwortung

Nur wenn das Erzählerkind themenbezogen und bewusst berichtet, kann das Zuhörerkind seinen Teil der Aufgabe erfüllen und andersherum.

Team- bzw. Gruppenevaluation

In der Zwischenreflexion tauschen sich die Kinder in Kleingruppen miteinander aus. Weiterhin wird die Zusammenarbeit im Team betrachtet und bewertet.

Soziales Lernen

Die Schüler lernen, sich auf verschiedene Lernpartner einzulassen. Sie vertiefen das aktive Zuhören und trainieren das Nacherzählen.

Direkte Interaktion

Die Schüler sitzen währen der Erarbeitungsphase 1 in direkter körpernaher Frontalstellung. Sie müssen daher besonders darauf achten, zu ihrem Lernpartner einen angemessenen Blickkontakt zu unterhalten.

Tipps für die Unterrichtsdurchführung

Die Unterrichtsstunde entwickelt sich als ein Wechsel aus aktivem Zuhören und Nacherzählen. Die Karussell-Methode ist universell einsetzbar – somit ist der zu wählende Inhalt beliebig austauschbar. Der hier vorgestellte Montagskreis, Berichte vom Wochenende, ist gewählt, um einerseits die Durchführung dieser Methode an einem Beispiel zu veranschaulichen und andererseits, um die Möglichkeit einer Neuinszenierung des Montagskreises darzubieten.

Die Karussell-Methode kann alternativ auch mit drei Gesprächspartnern durchgeführt werden:

1. A hält B einen Vortrag (5 Min.)

2. B gibt Vortrag wieder, C gibt Feedback (5 Min.)

3. B hält C einen Vortrag (5 Min.)

4. C gibt Vortrag wieder, A gibt Feedback (5 Min.)

5. C hält A einen Vortrag (5 Min.)

6. A gibt Vortrag wieder, B gibt Feedback (5 Min.)

Initiation/Arbeitsphase 1 und Teambildung

Die Schüler erarbeiten und klären zunächst den Verlauf der heutigen Stunde anhand der Symbolkarten (Einzelarbeit, Doppelkreis, Vierer-Gruppe, Kinokreis), die an der Tafel präsentiert sind. Dies gibt ihnen Sicherheit und dient gleichzeitig dazu, ihre Lernkonzentration zielgerichtet zu unterstützen. Zudem bietet der visualisierte Unterrichtsverlauf den Schülern zu jeder Zeit einen Überblick, in welcher Phase des Arbeitsprozesses sie sich befinden und welche Arbeitsschritte noch erledigt werden müssen. Die Kinder werden zuerst mithilfe einer kurzen gedanklichen Rückbesinnung auf die inhaltliche Ebene der Stunde eingestimmt. Dazu empfiehlt sich das Plenum als Sozialform, da so die Kinder im Anschluss direkt mit der ersten Erarbeitungsphase in Einzelarbeit beginnen können, ohne aufgrund von Bewegung und eventueller kurzer Unruhe aus ihren Gedanken gerissen zu werden.

Nun bilden die Schüler einen Doppelkreis mit Hilfe der Singular-Plural-Karten (schön wäre es, wenn diese zum Thema passend gestaltet sind): Die Kinder mit den Plural-Karten setzen sich in den Außenkreis und die jeweils dazugehörigen Kinder mit den Singular-Karten setzen sich gegenüber in den Innenkreis (die Färbung der Karten ist zu diesem Zeitpunkt noch unerheblich). Dieses Verfahren der Teambildung hat den Vorteil, dass die Schüler schnell und leise ihren Partner finden, ohne abgelenkt zu werden.

Arbeitsphase 2/Karussell-Methode

Je nachdem wie erfahren die Schüler mit der Karussell-Methode sind, ist es sinnvoll, den genauen Arbeitsablauf zwischen den Partnern vor Beginn der Arbeit zu klären:

1. Die Kinder, die im Innenkreis sitzen, erzählen ihrem Gegenüber im Außenkreis von dem zuvor gewählten Erfahrungs- bzw. Themenbereich (hier: „Mein Wochenende").

2. Die Kinder aus dem Außenkreis hören ihrem Partner zu, fragen bei Bedarf nach und machen sich ggf. Notizen.

3. Nach zwei Minuten fasst das Zuhörerkind das Gehörte mit eigenen Worten zusammen.

4. Das Erzählerkind ergänzt ggf. und ein kurzes Gespräch zum Thema kann sich anschließen, sofern die Zeit es erlaubt.

5. Ein akustisches Signal durch die Lehrkraft zeigt an, dass die Kinder im Innenkreis drei Plätze im Uhrzeigersinn weiterrücken. Somit entsteht eine neue Partnerbildung.

6. Im neuen Team werden die Rollen getauscht: Nun sind die Innenkreiskinder die Zuhörer und die Außenkreiskinder die Erzähler und so weiter.

Es bietet sich an, mit den Kindern im Vorfeld Übungen zum Einschätzen von Zeitspannen zu machen, damit diese die Dauer der Zeitvorgaben nach und nach einzuschätzen lernen.

Zwischenreflexion im Team

Anhand der Färbung der Singular-Plural-Karten bilden die Kinder Vierer-Gruppen. Hier haben sie die Möglichkeit, mit Hilfe von Leitfragen, ihre Arbeit in der heutigen Stunde ergebnis- und methodenorientiert zu reflektieren. Hauptaspekte der Reflexion können dabei von Stunde zu Stunde variieren. Die Leitfragen können fachliche Aspekte (Ergebnisorientierung), methodische Aspekte (Verfahrensorientierung) oder auch soziale Aspekte (Verhaltensorientierung) ansprechen.

Die Kleingruppen dürfen eigenständig wählen, wo sie sitzen möchten (am Gruppentisch, auf dem Boden, in der Sitzecke, ...).

Präsentation und Reflexion

Nach der Arbeitsphase 2 kehren die Kinder in den „Kinokreis" zurück und berichten von den Gruppenergebnissen. Der „Kinositz" vor der Tafel ist für diese Phase eine sinnvolle Sozialform, um allen Kindern eine günstige visuelle und akustische Wahrnehmung zu bieten. Zur besseren Visualisierung, und um Doppelantworten zu vermeiden, notiert die Lehrkraft die Antworten in Stichworten für alle gut sichtbar an der Tafel. Zur Überprüfung bzw. zur Übung der zuvor genannten Aspekte können einzelne Kinder dem Plenum erzählen, was der Partner am Wochenende gemacht hat. Bei dieser Vorstellungsrunde ist es wichtig, dass auch das Kind, über das berichtet wird, im Mittelpunkt steht. Stehen beispielsweise beide Kinder zusammen vor der Klasse, kann man einerseits noch die Körpersprache beider mit in den Fokus rücken und andererseits können ggf. direkt Ergänzungen gemacht oder Nachfragen gestellt werden.

Tabellarische Übersicht zum Verlauf der Stunde

Unterrichtsphasen	Situations- und Handlungsabfolge	Material/Medien
Einstieg/ Initiationsphase **10 min**	◆ Begrüßung ◆ Zieltransparenz ◆ Erarbeitung des Unterichtsverlaufs mit Symbolkarten ◆ Arbeitsauftrag ◆ Kurze gedankliche Rückbesinnung der Kinder auf das Wochenende, angeregt durch die Lehrkraft	◆ Symbolkarten an der Tafel ◆ Plenum
Arbeitsphase 1 **5 min**	◆ Kinder fertigen einen Stichwortzettel oder eine Mindmap zu ihrem Wochenende an ◆ Lehrkraft verteilt, während die Kinder schreiben, Singular-Plural-Karten zur späteren Partnerbildung	◆ AB Stichwortzettel oder Mindmap ◆ Stifte ◆ Singular-Plural-Karten ◆ Einzelarbeit
Arbeitsphase 2 **15 min**	◆ Partnerbildung mit den Karten ◆ Bilden des Doppelkreises/Karussells ◆ Austausch im Karussell	◆ Notizen der Kinder ◆ Karten ◆ Zweier-Gruppen ◆ Klangstab
Zwischenreflexion in 4er-Gruppen **5 min**	◆ Gruppenbildung mit den Karten Austausch über das Erlebte anhand von Leitfragen: ◆ Was muss ich beachten, wenn ich der Sprecher bin und mein Gegenüber mich inhaltlich und akustisch verstehen soll? ◆ Was muss ich beachten, wenn ich der Zuhörer bin, und ich meinen Gegenüber inhaltlich und akustisch verstehen will?	◆ Karten ◆ Leitfragen ◆ Vierer-Gruppen
Präsentation und Reflexion **10 min** **Insgesamt: 45 min**	◆ Kinder stellen ihre Erkenntnisse aus der Zwischenreflexion vor ◆ Lehrkraft hält die Antworten in Stichworten an der Tafel fest ◆ Teams aus dem Karussell stellen gegenseitig das Erlebte des anderen vom Wochenende vor ◆ Überprüfung durch die Klasse, ob die zuvor gesammelten Aspekte ausgeführt worden	◆ Kinokreis ◆ Tafel

2. „Oh, wie schön ist Panama" – Handlungsorientierter Literaturunterricht

Nach einer Unterrichtsidee von Karolina Wysocki

Intentionen

Im Verlauf der Unterrichtsreihe haben sich die Schüler auf vielfältige Weise mit dem Bilderbuch „Oh, wie schön ist Panama" beschäftigt und dabei gelernt, mit dem Text aktiv, produktiv und handlungsorientiert umzugehen. Sie haben dabei verschiedene Methoden und Arbeitsformen der Literaturerschließung kennen gelernt, die sie unterstützten, zielorientierte und konstruktive Gruppengespräche zu führen und diese zu reflektieren. Die Textrezeption des einzelnen Schülers wurde begleitet durch Situationen der Beratung und des Austausches mit Lernpartnern. Insofern war die Förderung von Sprechakten als Aufgabenschwerpunkt des mündlichen Sprachgebrauchs mit den Intentionen des Lernbereichs „Umgang mit Texten" verbunden.

In den vorherigen Unterrichtsstunden haben die Schüler das Bilderbuch mit Ausnahme des Buchschlusses ausführlich kennen gelernt. Deshalb liegt die Hauptintention dieser Unterrichtsstunde darin, allen Schülern individuell die Gelegenheit zu geben, ein geeignetes Ende der Geschichte zu antizipieren und aufzuschreiben sowie ihre Ideen zufälligen Partnern in Meeting-Points vorzustellen. Natürlich kann man von Schülern dieses Alters in der Regel noch keine umfangreichen Texte erwarten. Wenige Sätze oder auch einzelne Wörter, die mithilfe der Anlauttabelle konstruiert werden, reichen völlig aus, um die eigenen Ideen zum Schluss der Geschichte zu dokumentieren. Auch eine zusätzliche Bebilderung ist dabei hilfreich und daher zulässig.

Methodisch besteht diese Unterrichtsstunde aus einem Wechsel von Gesprächssituationen im Plenum, Arbeit im Team, Phasen der Einzelarbeit und Gesprächsphasen mit Zufallspartnern in Meeting-Points. Die vorangestellte Einzelarbeit erbringt hierbei die inhaltliche Grundlage für die Kooperation mit Lernpartnern. Dieses Zusammenspiel von individueller Arbeit und teamorientierter Arbeit ist ein typisches Merkmal Kooperativen Lernens.

Didaktisch bringt diese Unterrichtsstunde die Intentionen der Lernbereiche Mündlicher Sprachgebrauch, Umgang mit Texten (Lesen lernen) sowie Textproduktion (Richtig schreiben lernen) in eine sinnvolle Verbindung und liefert einen Beitrag zu einem integrativ angelegten Deutschunterricht mit kooperativer Orientierung.

In dieser Stunde sind nur wenige grundlegende kooperative Methoden enthalten. Somit ist sie für Klassen, die erst mit dem Kooperativen Lernen beginnen, besonders modellhaft.

Fachliche Ziele

◆ Entdecken von Prinzipien der Laut-Buchstaben-Zuordnung, die mit Hilfe der Anlauttabelle selbstständig entschlüsselt werden

◆ Vermutungen zum weiteren Verlauf der Geschichte anstellen und in Sätzen bzw. Wörtern formulieren

◆ Mündlich Lernpartnern Informationen präsentieren

◆ Sich in Gesprächssituationen an Regeln halten, die zuvor gemeinsam situationsbezogen formuliert wurden

◆ Über den Verlauf von Gesprächssituationen sprechen und diese reflektieren

Methodische Ziele

◆ Mithilfe von Symbolkarten den Unterrichtsverlauf antizipieren

◆ Meeting-Points benutzen, um einen intensiveren Austausch zwischen den Schülern zu erreichen und die Kommunikationsaktivität zu erhöhen.

◆ Bekannte Teile der Geschichte mit einer Erzählkette rekonstruieren

◆ Bilderpuzzle als Form der Teambildung kennen lernen

◆ Anwendung der Anlauttabelle vertiefen

Soziale Ziele

◆ Sich auf einen Gesprächspartner einlassen

◆ Einander aktiv zuhören

◆ Sich gegenseitig unterstützen und helfen

◆ Sich an vereinbarte Regeln halten (den Gesprächspartner anschauen, ihn ausreden lassen, ihn loben)

Aspekte von Kooperativem Lernen

Positive Abhängigkeit

◆ Ziel (im Team bekannte Teile der Geschichte in einer Erzählkette rekonstruieren)

◆ Lernmaterial (ein persönliches „Panama-Heft", eine Anlauttabelle, ein Schmuckblatt für die Einzelarbeit und ein Bild pro Kind für die Teamphase)

◆ Außenkraft (Zeitvorgabe für die einzelnen Phasen)

◆ Lernumgebung (die Schüler sitzen in der Teamphase an Gruppentischen/die Vorstellungsphase findet in Meeting-Points statt)

Individuelle Verantwortung

In der Teamarbeit muss jeder Schüler seinen Beitrag liefern, um die bekannten Teile der Geschichte in einer Erzählkette gemeinsam rekonstruieren zu können.

Gruppenevaluation

Als Reflexionsmethode wird die Drei-Finger-Reflexion eingesetzt. Sie wird durch Leitfragen gesteuert und bezieht sich auf Aspekte des Gesprächsverhaltens der einzelnen Schüler.

Soziales Lernen

Im Blickpunkt stehen die bereits erarbeiteten Gesprächsregeln für die Teamarbeit.

Direkte Interaktion

In der Teamphase sitzen die Schüler an Vierertischen. Insbesondere beim Vorstellen der eigenen Texte ist eine direkte Kommunikation (face-to-face) in den Meeting-Points möglich.

Tipps für die Unterrichtsdurchführung

Da die Unterrichtsstunde nur wenige, übersichtliche Elemente des Kooperativen Lernens enthält, ist sie besonders für Klassen geeignet, die gerade erst mit diesen Methoden beginnen zu arbeiten. Der Einstieg in die Unterrichtsstunde dient dazu, den Schülern einen Überblick über den Verlauf der Arbeit zu vermitteln. Dazu werden Symbolkarten an der Tafel präsentiert, deren Bedeutung mit den Schülern erarbeitet wird.

Aktivierung des Vorwissens und Teambildung

Zu Beginn der Unterrichtsstunde ist es sinnvoll, eine Lernphase zu gestalten, in der die Schüler ihr Vorwissen zur Geschichte aktivieren können. Dies geschieht hier innerhalb eines Teams. Als Teambildungsform erhalten die Schüler jeweils einen Teil eines Viererpuzzles (Illustrationen aus dem Bilderbuch). Über das Zusammenfügen der Puzzelteile zum Gesamtbild finden sie ihre Teampartner und setzen sich an einen Gruppentisch.

Jede Gruppe erhält sechs Bilder aus der bereits bekannten Geschichte. Der Arbeitsauftrag besteht darin, die Bilder in die richtige Handlungsfolge der Geschichte zu bringen. Die Bilder werden so ausgeteilt, dass jedes Kind mindestens ein Bild besitzt, um einen mündlichen Beitrag zu leisten. Die Schüler sollen den Geschichtsverlauf mündlich in der Gruppe reproduzieren und dabei die Bilder als Erzählhilfe nutzen. Dies geschieht am besten im Rahmen einer Erzählkette. In der Chronologie des Handlungsverlaufes beginnen die Schüler reihum die Geschichte zu erzählen. Dabei ist jedes Team-Mitglied einbezogen und leistet seinen Beitrag zur Gesamterzählung. Gleichzeitig wird erreicht, dass jeder Schüler sich das bereits Bekannte der Geschichte noch einmal vergegenwärtigen kann, was eine wichtige Voraussetzung für die spätere Einzelarbeit ist.

Aufgabenstellung für die Einzelarbeit

Der neue Arbeitsauftrag für jeden Schüler besteht nun darin, einen im Rahmen der Vorgeschichte geeigneten Schluss zu finden und diesen in Meeting-Points anderen Mitschülern vorzustellen.

Da es gerade zu Beginn des ersten Schuljahrs sinnvoll ist, dass Schüler das gegenseitige Zuhören und Präsentieren lernen, werden einige Kriterien festgelegt, die für die spätere Austauschphase wichtig sind. Kriterien, wie „sich beim Reden anschauen, den anderen ausreden lassen und deutlich sprechen", werden kurz im Plenum wiederholt und begründet. Diese Kriterien sollen auch am Ende der Stunde durch Leitfragen mit Hilfe der „Drei-Finger-Reflexion" betrachtet werden.

Damit die Schüler ein aus ihrer Sicht geeignetes Ende finden, liest der Lehrer im Sitzkreis die letzte Szene vor dem Ende des Buches den Schülern vor. Nach dem Vorlesen sollte jeder Schüler einen kurzen Moment Zeit erhalten, um über ein mögliches Ende des Buches nachzudenken. Hat ein Schüler bereits eine Idee für den Schluss der Geschichte, geht er mit seinem Panama-Heft zurück zu seinem Arbeitsplatz und beginnt mit der Textarbeit. Schüler, die noch keine Idee entwickelt haben, verbleiben im Sitzkreis und bekommen die Möglichkeit sich von Tippkärtchen inspirieren zu lassen. Alle Schüler erhalten die Anlauttabelle, ihr „Panama-Heft" und ein Schmuckblatt als Arbeitsmittel.

Texterarbeitungsphase

Je nach Lernstand verfassen die Schüler in Einzelarbeit kurze Texte zum Schluss der Geschichte. Die Texte können aus einem oder mehreren Sätzen mit unterschiedlich entwickelter Textkohärenz bestehen. Aber auch die Niederschrift einzelner Wörter – mit der Anlauttabelle entschlüsselt und bebildert – sind im Rahmen der Aufgabenstellung möglich. Hier sollte man den Schülern einen möglichst breiten Spielraum für individuelle Lösungswege einräumen.

Da das Lautieren der Wörter und das Zuordnen der einzelnen Buchstaben mit der Anlauttabelle zu Beginn des Leselernprozesses noch sehr schwierig ist, kann einigen Schülern differenziert geholfen werden, indem verschiedene Wörter und Sätze auf Kärtchen für sie vorgeschrieben werden.

Der Lehrer sollte in dieser Phase die Schüler intensiv beobachten und beraten. Dabei sollte er jedoch stets im Blick behalten, dass seine Impulse und Hilfestellungen das einzelne Kind unterstützen, seine individuellen Vorstellungen des Textverständnisses dokumentieren zu können, denn die gegebene Schreibaufgabe dient in erster Linie als Methode im Rahmen der Textrezeption.

Vorstellung der Ergebnisse und ihre Reflexion

Der Austausch mit Lernpartnern und das Vorstellen der eigenen Ideen zum Schluss der Geschichte erfolgt mit Hilfe von Meeting-Points. Das sind mit Teppichfliesen gekennzeichnete Treffstationen, die im Klassenraum verteilt sind. Schüler, die mit ihrer Ausarbeitung fertig sind, haben auf diese Weise die Möglichkeit sich mit anderen auszutauschen, die zeitgleich ihre Arbeit beendet haben. Die Kinder, die sich noch in der Arbeitsphase befinden, werden so nicht in ihrer Arbeit unterbrochen oder gestört. Ein weiterer Vorteil ist, dass die Austauschpartner zufällig zustande kommen und sich Konstellationen von Schülern ergeben können, die sonst im Schulalltag wenig Kontakt zueinander finden. Ist ein Paar mit seiner Präsentation fertig, können sich die Schüler einen neuen Meeting-Point suchen und wiederholt mit einem anderen Partner in einen Austausch kommen. Die am Ende zu reflektierenden Kriterien finden sich nochmals auf Karten an jeder Station. Sie sollen die Schüler daran erinnern, wie man eine Präsentation durchführt und wie man sich als Zuhörer verhalten soll.

Das Präsentieren der eigenen Textidee zum Schluss der Geschichte und das eigene Zuhörerverhalten selbst ist Gegenstand der abschließenden Unterrichtsreflexion. Die zu Beginn der Stunde vorgegebenen Reflexionskriterien werden hier noch einmal aktualisiert:

◆ Konnte ich meinen Gesprächspartner beim Sprechen anschauen?

◆ Konnte ich ihn ausreden lassen?

◆ Habe ich während meiner Präsentation deutlich gesprochen?

◆ Habe ich meinen Gesprächspartner gelobt?

Diese Leitfragen werden mit der „Drei-Finger-Reflexion" bewertet. Jeder Schüler überlegt für sich, ob er diese Kriterien schon gut erfüllen konnte und zeigt drei Finger hoch, wenn es schon sehr gut funktioniert hat, zwei Finger, wenn es manchmal geklappt hat und einen Finger, wenn es noch nicht so gut gelungen ist. Die Schüler, bei denen es schon gut geklappt hat, können anderen Schülern Tipps geben, wie es beim nächsten Mal besser sein könnte. Aber sie sollten auch beschreiben, warum es ihnen aus ihrer Sicht gut gelungen ist. So wird die Aufmerksamkeit aller Schüler auf die positiven Leistungen gerichtet und eine defizitäre Sichtweise weitgehend vermieden.

Tabellarische Übersicht zum Verlauf der Stunde

Unterrichtsphasen	Situations- und Handlungsabfolge	Material/Medien
Einstieg/Aktivierung des Vorwissens 7 min	◆ Begrüßung ◆ Vorstellung des Vorhabens ◆ Teambildung mit Bilderpuzzle ◆ Schüler aktualisieren ihr Vorwissen in einer Erzählkette	◆ Bilderpuzzle ◆ Sechs Bilder
Aufgabenstellung/ Orientierungsphase 5 min	◆ Erarbeitung der Stundenziele und Aufgabenstellung mit Symbolkarten ◆ Lehrer liest letzte Szene vor dem Schluss ◆ Schüler verlassen den Sitzkreis und beginnen mit der Einzelarbeit. ◆ Einzelne Schüler erhalten Tipps als Anregung für ihre Arbeit	◆ Symbolkarten ◆ Bilderbuch
Einzelarbeit/ Textproduktionsphase 15 min	◆ Die Schüler arbeiten in Einzelarbeit an ihren Ideen zum Schluss der Geschichte	◆ Panama-Heft ◆ Anlauttabelle ◆ Schmuckblatt ◆ Wort- und Satzkarten
Vorstellung und Präsentation der Ergebnisse 10 min	◆ Schüler, die ihre Arbeit beendet haben, treffen sich in Meeting-Points zum Austausch ◆ Wechsel des Meeting Points und weiterer Austausch	◆ Schülertexte ◆ Leitfragen zur Reflexion
Reflexion/ Evaluation 8 min **Insgesamt: ca. 45 min**	◆ Reflexion mit Hilfe der Leitfragen ◆ Drei-Finger- Reflexion ◆ Unterrichtsgespräch über positive Aspekte	◆ Karten mit Leitfragen zur Reflexion

3. Wir finden die wichtigsten Informationen über die Jugendherberge für die Planung unserer gemeinsamen Klassenfahrt

Informatives Lesen

Nach einer Unterrichtsidee von Sandra Röder

Intentionen

In dieser Unterrichtsstunde sollen die Schüler eigenständig die wichtigsten Informationen über die ausgewählte Jugendherberge für ihre Klassenfahrt herausarbeiten. Dafür hat die Lehrkraft im Vorfeld Flyer der ausgewählten Jugendherberge organisiert, die den Schülern zum Recherchieren zur Verfügung stehen. Die gefundenen und verschriftlichten Informationen können anschließend nach entsprechenden Kategorien (Regeln, Freizeitangebote, Umgebung etc.) mit der Klasse gemeinsam sortiert und für die Gestaltung der Tage in der Jugendherberge genutzt werden. Durch diese Vorgehensweise werden die Schüler in den Planungsprozess ihrer Klassenfahrt mit einbezogen, was einen unmittelbaren Bezug zu ihrer Lebenswirklichkeit darstellt und im besonderen Maße zur Steigerung der Motivation der Schüler beiträgt.

Aufgabenschwerpunkt dieser Unterrichtsstunde ist die gezielte Informationsbeschaffung mithilfe der besonderen Textsorte „Flyer" (nichtkontinuierlicher Text). Die Schüler lernen, sich in dieser Textsorte zu orientieren, sie zu lesen und wichtige Informationen herauszufiltern. Durch diese handelnde Auseinandersetzung können die Schüler Erfahrungen sammeln, die für ihren außerschulischen Alltag eine positive Funktion haben (z. B. Angebote eines neuen Sportvereins in einem Flyer lesen).

Um wichtige von unwichtigen Informationen zu trennen, sollen die Schüler in dieser Unterrichtsstunde als Strukturierungshilfe bekannte Lesestrategien (wie beispielsweise das Markieren) nutzen und anwenden. Dies erfordert von den Schülern insbesondere ein intensives und selektiv ausgerichtetes Leseverhalten.

Die Unterrichtsstunde ist mit der „Placemat-Methode" organisiert, die gewährleistet, dass sich die Schüler zunächst entsprechend ihrer bisherigen Kenntnisse und Erfahrungen auf die Textsorte „Flyer" einlassen und sich mit ihr auseinandersetzen können. In Einzelarbeit hat jeder Schüler die Möglichkeit, gemäß seines Leistungsvermögens und Lesetempos bedeutsame Informationen herauszuarbeiten und schriftlich zu fixieren. Durch den anschließenden gemeinsamen Austausch innerhalb der Gruppe können die Schüler kooperativ die wichtigsten Informationen über die Jugendherberge finden, die für den weiteren Arbeitsprozess genutzt werden. Hier steht insbesondere die gegenseitige Bereicherung und Ergänzung im Vordergrund, die erst zu einem gemeinsamen Ziel führen kann.

Fachliche Ziele

◆ Sich auf die Textsorte „Flyer" einlassen

◆ Die Textsorte untersuchen und sich darin orientieren können

◆ Textverständnis durch Lesestrategien (selektives Lesen) vertiefen

◆ Genaues und gezieltes Lesen üben

◆ Wichtige Informationen in einem Text markieren

◆ Stichwörter formulieren

Methodische Ziele

◆ Die eigenen Ergebnisse vorstellen und begründen

◆ Den zeitlichen Rahmen für die Arbeit einhalten

◆ Die Reihenfolge des Arbeitsablaufs beachten

◆ Eine zugeteilte Rolle innerhalb der Gruppe einnehmen

Soziale Ziele

◆ In Einzelarbeit und im Team arbeiten können

◆ Anderen aktiv zuhören

◆ Eigene Ideen vorstellen und begründen

◆ Sich gemeinsam auf wichtige Informationen einigen

Aspekte von Kooperativem Lernen

Positive Abhängigkeit

Methodisch steht die positive Abhängigkeit als Basiselement des Kooperativen Lernens in folgender Ausprägung im Vordergrund:

◆ Die Schüler haben das gemeinsame Ziel, wichtige und bedeutsame Informationen über die ausgewählte Jugendherberge herauszufiltern, die für die Planung der Klassenfahrt hilfreich sein können

◆ Sie lernen, die Reihenfolge im Arbeitsprozess einzuhalten: Zuerst arbeitet jeder in Einzelarbeit, danach werden Ergebnisse vorgestellt und sich auf die Wichtigsten geeinigt

◆ Die Ressourcen der Gruppen sind beschränkt auf ein gemeinsames Placemat

◆ Den Gruppenmitgliedern werden unterschiedliche Rollen zugewiesen (Materialmanager, Zeitmanager, Schreiber und Flüsterstimmenchef)

◆ Die Umgebung ist eingegrenzt durch das Placemat. Die Schüler sitzen sich gegenüber an einem Tisch

◆ Die Zeitvorgabe als Außenkraft gewährleistet ein gezieltes Arbeiten innerhalb der Gruppen

Individuelle Verantwortung

Jedes Gruppenmitglied soll mindestens eine wichtige Information über die Jugendherberge finden und schriftlich auf seinem Teil des Placemat festhalten.

Gruppenevaluation

Die Arbeit innerhalb der Gruppe wird mit Hilfe der „Drei-Finger-Reflexion" evaluiert. Jeder Schüler hat die Möglichkeit, den gemeinsamen Arbeitsprozess zu reflektieren und seine eigene Rückmeldung zu geben.

Soziales Lernen

Die Schüler müssen sich auf die verschiedenen Gruppenmitglieder einlassen und sich gegenseitig zuhören, um das gemeinsame Ziel erreichen zu können. Sie müssen gemeinsam abwägen, welche Informationen die wichtigsten für sie als Gruppe darstellen und dies auch vertreten und begründen können.

Direkte Interaktion

Die Schüler sitzen während des Arbeitsprozesses zu viert an einem Platz in der Klasse, den sie sich selbstständig wählen können. Durch die Ressource des Placemats sitzen sich immer zwei Gruppenmitglieder gegenüber. Diese Position gewährleistet, dass alle miteinander Blickkontakt aufnehmen und nonverbal oder verbal in Interaktion treten können.

Tipps für die Unterrichtsdurchführung

Ziel- und Ablauftransparenz

Mit Hilfe von Symbolkarten wird den Schülern der Ablauf der Unterrichtsstunde verdeutlicht. Dabei wird ihnen erläutert (Transparenz), dass die gefundenen Informationen für die Planung der Tage in der Jugendherberge benutzt werden. Dies verdeutlicht die Wichtigkeit der Stunde und gibt ihnen einen Ausblick auf die zukünftigen Unterrichtsstunden („Welche Informationen können wichtig sein für unsere gemeinsame Planung der Klassenfahrt?"). Innerhalb dieses vorgegebenen Rahmens können die Schüler den Flyer entsprechend untersuchen und lesen. Gleichzeitig wird ihnen die Aufgabe gegeben, während des Arbeitsprozesses darauf zu achten, wie sie mit der Einhaltung der Rollen, der Reihenfolge und mit der Einigung auf wichtige Informationen über die Jugendherberge zurechtgekommen sind.

Aufgabenstellung und Rolleneinteilung

Anhand der Symbolkarten erklärt die Lehrkraft die entsprechenden Arbeitsanweisungen und Rollenverteilungen für die einzelnen Unterrichtsphasen. Zunächst werden vom Materialmanager die benötigten Materialien (Placemat, vier Flyer, Rede- und Zuhörkarten) für die Gruppe organisiert und entsprechend verteilt. In Einzelarbeit hat jeder Schüler die Aufgabe, den Flyer über die Jugendherberge zu lesen, zu untersuchen und wichtige Informationen in seinen Teil des Placemats stichwortartig aufzuschreiben. Dafür ist es sinnvoll, den Schülern einen Zeitrahmen als Orientierung zu geben. Die Zeitmanager haben die Aufgabe, ihre Gruppe während des Arbeitsprozesses an die vorgegebene Zeit zu erinnern. Dies gewährleistet ein zielgerichtetes Arbeiten für jedes Gruppenmitglied. Die Lehrkraft kann als Orientierung zudem noch ein mit den Schülern vereinbartes Signal (z. B. Klangstab) einsetzen, um die einzelnen Phasen einzuleiten oder zu beenden.

In der zweiten Phase haben die Gruppenmitglieder die Aufgabe, sich gegenseitig die gefundenen Informationen vorzustellen. Um die Gesprächsregeln einhalten zu können, können den Schülern für diese Präsentationsphase innerhalb der Gruppen Rede- und Zuhörkarten an die Hand gegeben werden (symbolisiert durch ein rotes Ohr und eine grüne Sprechblase). Wer seine Ergebnisse vorstellt, hat die grüne Sprechblase vor sich liegen, wer zuhört, hat eine Karte mit dem roten Ohr. Damit soll erreicht werden, dass derjenige, der seine Ergebnisse vorstellt, ungestört sprechen kann. Zudem wird das gezielte Zuhören gefördert, was für die nächste Arbeitsphase bedeutungsvoll ist.

In dieser einigen sich die Schüler auf die fünf bis zehn wichtigsten Informationen über die Jugendherberge. Es bietet sich an, den Schülern eine Spannbreite von Möglichkeiten anzubieten, damit sie nicht lediglich formal abstimmen, welche Vorschläge in die Mitte des Placemats geschrieben werden, sondern durch begründete Entscheidungen ihre Auswahl treffen. Der Schreiber hat die Aufgabe, Informationen, auf die sich die Gruppe geeinigt hat, in der Mitte des Placemats stichwortartig festzuhalten. Um den Arbeitsprozess zu erleichtern und das Einhalten der Gesprächsregeln („Alle sprechen nacheinander", „Bei Meinungsverschiedenheiten nennt man Begründungen für seinen Vorschlag", „Es wird leise gesprochen, um die anderen Gruppen nicht zu stören", etc.) gewährleisten zu können, ist der „Flüsterstimmenchef" zuständig. Er hat die Aufgabe, auf die Aspekte während der Arbeitsphasen zu achten und seine Gruppenmitglieder entsprechend zu erinnern.

Teambildung

Mit Hilfe von Farbkarten werden danach die Gruppen für die Arbeitsphase gebildet. Jeder Schüler zieht eine Karte und findet sich mit den Gruppenmitgliedern zusammen, die die gleiche Farbkarte gezogen haben Die Farbkarten sind zusätzlich mit einer Ziffer gekennzeichnet, die den Schülern die entsprechende Rollen zuteilt, die bereits an der Tafel visualisiert wurden.

Da es beim Kooperativen Lernen wichtig ist, dass jeder mit jedem kommunizieren lernt, ist insbesondere die Bildung von Paaren nach einem Zufallsprinzip von großer Bedeutung. Dieses Prinzip sollte man im Sinne der sozialen Erziehung der Schüler stets verfolgen.

Informationsbeschaffung und Konsensbildung mit dem Placemat

Wenn die Schüler sich in ihren Gruppen eingefunden haben, suchen sie sich einen Platz in der Klasse. „Der Materialmanager" verteilt die benötigten Materialien und die Kinder beginnen mit ihrer Informationserarbeitung über die Jugendherberge. Falls die Lehrkraft während des Arbeitsprozesses bemerkt, dass für die einzelnen Phasen mehr Zeit benötigt wird, kann stellvertretend für die gesamte Gruppe mit den „Zeitmanagern" Rücksprache gehalten werden. Diese geben jeweils Auskunft darüber, wie weit ihre Gruppen gekommen sind und ob noch mehr Zeit benötigt wird. Gemeinsam werden Absprachen getroffen, die die Zeitmanager an ihre Gruppe weitergeben. Dadurch wird die Wichtigkeit der Rolle des „Zeitmanagers" für die Schüler deutlich und sie erfahren unmittelbar, welche Verantwortung sie innerhalb ihrer Gruppe haben.

Vorstellung der Ergebnisse und ihre Reflexion

Drei-Finger-Reflexion

Für diese Unterrichtsstunde bietet sich die Methode der „Drei-Finger-Reflexion" an. Die Schüler haben sich innerhalb der Gruppe aus einer Vielfalt von gefundenen Informationen auf die wichtigsten Punkte geeinigt. Für die Erreichung dieses Ziels mussten sie nicht nur die Gesprächsregeln einhalten, sondern auch in Kooperation miteinander treten. Jeder Schüler reflektiert zunächst für sich selbst und gibt mit Hilfe der Anzahl der Finger eine Rückmeldung. Dabei ist es wichtig, auf die zuvor visualisierte Zieltransparenz zurückzugreifen und daran anknüpfend Fragen zu formulieren. Da häufig nach einer Unterrichtsstunde nicht alle Gruppen fertig sein werden, sollte man mit der Vorstellung der Ergebnisse der Gruppenarbeit im Plenum noch warten und statt dessen am Ende der Stunde die Reflexion über die sozialen und methodischen Ziele in den Vordergrund stellen. Fortlaufend können die gefundenen Informationen über die Jugendherberge auf einzelne Karten übertragen und an die Tafel geheftet werden. Anschließend könnten die Karten nach bestimmten Kriterien, die die Schüler selbst erarbeiten, sortiert werden. Anhand dieser vorsortierten Informationen kann die Klassenfahrt organisiert, können Regeln erarbeitet und Absprachen getroffen werden.

Tabellarische Übersicht zum Verlauf der Stunde

Phase/Methode	Situations- und Handlungsabfolge	Material/Medien
Initiation	◆ Begrüßung, Ziel- und Ablauftranspa-renz mit Hilfe der Symbolkarten	◆ Symbolkarten
Aufgabenstellung **Partnerfindung**	◆ Ihr findet euch in eure Gruppen zu-sammen, der Materialmanager organi-siert für jedes Teammitglied den Flyer über die Jugendherberge, das Place-mat und die Rede- und Zuhörkarten. ◆ Zuerst erarbeitet jeder für sich die wichtigsten Informationen, die er über die Jugendherberge erfährt, und schreibt diese auf seinen Teil des Placemats. ◆ Danach stellt ihr euch gegenseitig eure Ergebnisse vor. Jeder hat 3 Minuten Zeit für seinen Vortrag. ◆ Dann einigt ihr euch auf die 5-10 wichtigsten Informationen über die Jugendherberge, die für unsere Klas-senfahrt am bedeutsamsten sind. Der Schreiber hält diese in der Mitte des Placemats fest.	◆ Tafelbild mit Rollenverteilung ◆ Placemats
Arbeitsphase mit der **Placemat**	◆ Schüler finden sich in ihre Gruppen ◆ Schüler erarbeiten mit Hilfe der Placemat-Methode die wichtigsten Informationen über die Jugendherberge.	◆ Farbkarten ◆ Flyer der Jugendherberge ◆ Placemats
Reflexion **Drei-Finger-Reflexion**	Jeder Schüler reflektiert die Arbeit und zeigt entsprechend seiner Meinung ein bis drei Finger für das Team: ◆ So konnten wir uns einigen ◆ So haben wir die Rollen eingehalten ◆ So haben wir wichtige Informationen gefunden	◆ Plenum

4. Irma hat so große Füße

Handlungs- und produktionsorientierter Umgang mit einem Bilderbuch

Nach einer Unterrichtsidee von Lisa Kreuels

Intentionen

Diese Unterrichtseinheit zeigt eine sinnvolle Verbindung zwischen Aufgabenschwerpunkten der Textproduktion und der Textrezeption. Durch einen kooperativ gestalteten handlungs- und produktionsorientierten Umgang mit einem Bilderbuch vertiefen die Schüler ihr Textverständnis und üben gleichzeitig bestimmte schriftsprachliche Fertigkeiten. Die Schreibaufgabe besitzt hier eher eine dienende Funktion zur Erschließung der Textinhalte.

Das zentrale fachdidaktische Ziel ist, die Lesemotivation der Schüler zu stärken und sie zu einem vertieften und individuellen Textverständnis zu führen. Die Schüler entschlüsseln dazu einen Bilderbrief zunächst mündlich und verschriftlichen dann gemeinsam ihre Deutung. Der Bilderbrief ist so offen gestaltet, dass die Schüler ihr individuelles Textverständnis tatsächlich darstellen können. Nur eine „richtige" Lösung anzustreben, käme der Forderung nach Individualisierung und auch einem konstruktivistischen Lesekompetenzverständnis nicht entgegen.

Ein weiteres Ziel der vorliegenden Unterrichtsstunde ist es, den Schülern eine motivierende Schreibaufgabe im Sinne des angeleiteten Schreibens zu bieten. Damit liefert dieses Unterrichtsmodell einen sinnvollen Beitrag zu der Idee der Entwicklung einer Lese- und Schreibkultur im Rahmen des Deutschunterrichts. Denn die Schüler haben bereits frühzeitig gelernt, dass Lesen lernen und Schreiben lernen zusammen gehören. Es ist daher wichtig, dass diese Grunderfahrung sich auch später in der Gestaltung des Deutschunterrichts für die Schüler immer wieder erfüllt.

Die Vorstellung sowie erste Planungsüberlegungen zur Entschlüsselung und Verschriftlichung des Bilderbriefes erfolgt in einer gemeinsamen mündlichen Einstiegs- und Erarbeitungsphase. Diese mündliche Erprobung ist eine didaktisch und methodisch wichtige Maßnahme für das darauf folgende Aufschreiben der Übersetzung, denn die Kinder erhalten hier die Möglichkeit, ihre Gedanken den anderen mitzuteilen, erste spontane Ideen zu finden, weiterzuentwickeln und sprachlich auszudrücken. Die Aktualisierung sowie die Anwendung mündlicher Sprachkompetenzen der Schüler ist die unverzichtbare Grundlage für alle Lernprozesse in den schriftsprachlichen Bereichen des Deutschunterrichts. Denn Aufgaben der Textrezeption oder der Textproduktion können von den Schülern nur erfolgreich gelöst werden, wenn ihnen methodisch die Möglichkeit eröffnet wird, ihre erworbenen mündlichen Kompetenzen zur Entwicklung der Schriftsprache zu nutzen.

Fachliche Ziele

◆ Sich spontan zu dem Bilderbrief äußern und erste Ideen entwickeln

◆ Bilder in Schriftsprache übersetzen

◆ Aussagen von Bildern im Sinne des Erzählzusammenhangs des Bilderbuchs deuten

◆ Übersetzungsvorschläge zum Bilderbrief schriftlich formulieren

◆ Zustimmung und Widerspruch verbalisieren

◆ Sich sachbezogen äußern.

◆ Erkennen, dass die Bildersprache des Briefes unterschiedliche Übersetzungsvarianten und Formulierungsmöglichkeiten zulässt.

◆ Individuelles Verständnis für den Handlungsverlauf des Bilderbuchs vertiefen

◆ Anforderungen der Rechtschreibung beachten

Methodische Ziele

◆ Notwenige Lernunterstützung geben und erfragen

◆ Die Methode „Pair-Check" anwenden und genau einhalten

◆ Die Bewertung der eigenen Arbeit mit der „Drei-Finger-Reflexion" vertiefen.

◆ Gemeinschaftlich ein Arbeitsergebnis präsentieren

◆ Die Aufgaben der zugewiesenen Rolle erfüllen

Soziale Ziele

◆ Anderen aktiv zuhören

◆ Eigenen Ideen sachlich vertreten.

◆ Kompromisse finden und akzeptieren

◆ Teampartner ermutigen

◆ Probleme und Erfolge des Teams artikulieren.

◆ Die Meinung anderer wahrnehmen und gelten lassen.

◆ Eine Rolle innerhalb der Gruppenarbeit verantwortungsbewusst einnehmen.

Aspekte des Kooperativen Lernens

Diese Unterrichtsstunde zeigt sehr deutlich, wie man Elemente eines lehrergesteuerten Unterrichts mit Aspekten und Methoden des Kooperativen Lernens verbinden kann. Die Erarbeitung des Bilderbriefes zu einer Verschriftlichung hin vollzieht sich in Teamarbeit als „Pair-Check" und mit einer zusätzlichen Rollenverteilung für jeden Teampartner, während die Initiationsphase und die Präsentation der Ergebnisse im Klassenplenum erfolgen.

Positive Abhängigkeit

Von den fünf Grundprinzipien des Kooperativen Lernens finden sich in dieser Stunde die folgenden:

◆ Gemeinsames Ziel (Übersetzen des Bilderbriefes in einen Schriftbrief, ein Team erarbeitet ein Ergebnis)

◆ Reihenfolge (ein Kind formuliert mündlich eine Übersetzungsvariante eines Satzes und das andere Kind schreibt diese auf – die Kinder wechseln sich in diesen Rollen ab)

◆ Ressourcen (es gibt für jedes Team ein Arbeitsblatt als „Pair-Check", einen Bilderbrief und ein Wörterbuch)

◆ Rollen (zusätzlich erhält jedes Team-Mitglied eine der beiden Rollen „Berichterstatter" oder „Material-Manager")

◆ Außenkraft (eine Zeitvorgabe soll die Effizienz sowie die Lernkonzentration der Schüler unterstützen)

◆ Lernumgebung (die Schüler sitzen an einem Tisch während der Pair-Check Arbeit nebeneinander, um eine gute Sicht auf das Arbeitsmittel zu haben.)

Individuelle Verantwortung

Jedes Team-Mitglied muss sich einerseits Gedanken zur Übersetzung der Bilder im Brief machen und andererseits die Ideen seines Partners aufschreiben.

Gruppenevaluation

In der ersten Präsentationsphase tauschen sich jeweils zwei Gruppen miteinander aus und geben sich ein Feedback. Auch die Partnerarbeit wird durch die „Drei-Finger-Reflexion" mit Hilfe verschiedener Reflexionskarten diskutiert und bewertet

Soziales Lernen

Die Schüler lernen, sich auf verschiedene Lernpartner einzulassen. Sie vertiefen das aktive Zuhören und entwickeln Konsensfähigkeiten.

Direkte Interaktion

Die Schüler sitzen während der Erarbeitungsphase Schulter an Schulter. Sie müssen daher besonders darauf achten, zu ihrem Lernpartner einen angemessenen Blickkontakt zu unterhalten.

Tipps für die Unterrichtsdurchführung

Die Unterrichtsreihe entwickelt sich im Wechsel zwischen Vorlesen, Schreiben und künstlerischem Gestalten zu einem Bilderbuch. Das Buch wird den Schülern in Teilschritten über mehrere Unterrichtsstunden hinweg vorgestellt. Zum Vorlesen und individuellem Erkunden der entsprechenden Seiten gehört eine ausgiebige Betrachtung der Bilder, bei der die Kinder sich darüber austauschen, was sie entdecken. Bestimmte Fragen bewegen das Gespräch in die Richtung der sich anschließenden Aufgabenstellungen im sprachlichen oder gestalterischen Bereich.

Um die individuellen Zugänge der Kinder zum Inhalt und zu den Motiven des Buches zu unterstützen, wird der Handlungsverlauf mithilfe eines „Erzählkinos" immer nur bis zu einer bestimmten Seite vorgestellt. Damit kann das Antizipieren denkbarer Entwicklungen von den Schülern kreativ angedacht werden. Die bereits bekannten Bildseiten sollten im Klassenraum gut sichtbar für alle als sich immer weiter entwickelnde Bildergeschichte aufgehängt werden. Sinnvoll ist es, wenn die Geschichte von Irma auch in Buchform von allen Schülern zum vollständigen Nachlesen oder Schmökern genutzt werden kann, damit das Medium Buch durch den Einsatz des Erzählkinos nicht verloren geht. Denn alle Kinder sollen die Möglichkeit haben, wechselweise alleine, zu zweit oder in Gruppen das Buch eigenständig zu erforschen und darin zu lesen.

Gegenstand der heutigen Stunde ist der Bilderbrief, den Irma an Lore geschrieben hat. Die Kinder sollen die Bildzeichen entschlüsseln, versprachlichen und aufschreiben. Obwohl es sich um einen bereits verfassten Brief und somit um einen vorgegebenen Inhalt handelt, bietet der Brief den Kindern genügend Freiraum bei der Übersetzung. Sie können entsprechend ihrer Leistungsfähigkeit und Kreativität differenziert an dem Brief arbeiten.

Die Nuancen des Briefes können verschieden interpretiert bzw. übersetzt werden, je nach persönlicher Fantasie der Kinder und der Art und Weise ihrer Bildbetrachtung.

Initiation und Teambildung

Die Schüler erarbeiten und klären zunächst den Verlauf der heutigen Stunde anhand der Symbolkarten (Kinositz, Partnerarbeit, Vierer-Gruppe, Präsentation Plenum, Drei-Finger-Reflexion), die an der Tafel präsentiert werden. Dies gibt ihnen Sicherheit und dient gleichzeitig dazu, ihre Lernkonzentration zielgerichtet zu unterstützen. Zudem bietet der visualisierte Unterrichtsverlauf den Schülern zu jeder Zeit einen Überblick, in welcher Phase des Arbeitsprozesses sie sich befinden und welche Arbeitsschritte noch erledigt werden müssen. Der „Kinositz" vor der Tafel ist für diese Einführungsphase eine sinnvolle Sozialform, um allen Kindern eine günstige visuelle und akustische Wahrnehmung zu bieten. Bevor die eigentliche Aufgabenstellung dieser Stunde angesprochen wird, sollte das Vorwissen der Schüler durch ein kurzes Gespräch zum bisherigen Verlauf der Geschichte aktiviert werden.

Danach präsentiert der Lehrer den Bilderbrief von Irma an Lore. Den Kindern soll die Möglichkeit gegeben werden, sich dazu spontan zu äußern und erste Arbeitsideen zu entwickeln.

Nun bilden die Schüler Partnerteams mit Hilfe ihres „Verabredungskalenders". Dieses Verfahren der Teambildung hat zunächst den Vorteil, dass die Schüler schnell ihren Partner finden. Weil sie beim Erstellen des „Verabredungskalenders" ihre Partner frei wählen konnten, wissen sie zudem bereits, mit wem sie im Team arbeiten werden. Gerade zu Beginn des kooperativen Arbeitens ist diese Form der Teambildung auf Partnerebene eine sinnvolles Verfahren, weil es den Schülern die Möglichkeit gibt, sowohl Freunde als auch Kinder zu wählen, mit denen sie bisher noch nicht so oft gearbeitet haben.

Aufgabenstellung und Rolleneinteilung

Nachdem die Partnerteams sich gefunden und einen Arbeitsplatz gewählt haben, erfahren sie die genaue Aufgabenstellung und ihre zusätzlichen Rollen für die Teamarbeit. Die Rollenzuteilung (Materialmanager - Berichterstatter) sollte unbedingt durch ein Zufallsverfahren geschehen und es sollte auch darauf geachtet werden, dass die Schüler ihre Rollen nicht tauschen. Es ist für die Schüler ein wichtiger Lernprozess zu erkennen, dass es sinnvoll ist, wenn jeder Schüler lernt, jede Rolle auszufüllen.

Danach erhalten die Schüler die Aufgabe, im Partnerteam mit der „Pair-Check-Methode" den Bilderbrief in Sprache zu übersetzen und ihn aufzuschreiben. Für diese Arbeit erhalten die Teams 15 Minuten Zeit.

Danach soll sich jedes Team mit einem anderen Team treffen (das kann durchaus das am Tisch gegenüber sitzende Team sein) und einander den gemeinsam erarbeiteten Brief vorstellen.

Texterarbeitungsphase im Team

Je nachdem wie erfahren die Schüler mit der Pair-Check-Methode sind, ist es sinnvoll, den genauen Arbeitsablauf zwischen den Partnern vor Beginn der Arbeit zu klären:

◆ Der erste Partner übersetzt seinen Teil des Bilderbriefes und diktiert dies dann seinem Partner.

◆ Der zweite Partner hört zunächst aufmerksam zu und schreibt dann die Übersetzung auf.

◆ Gemeinsam kontrollieren sie die richtige Schreibung (Gebrauch des Wörterbuchs)

◆ Danach wechseln die Rollen und das Verfahren wiederholt sich, bis der Brief vollständig übersetzt ist.

Als Arbeitsmaterial steht allen Teams der Bilderbrief, ein Arbeitsblatt (Pair-Check) und ein Wörterbuch zur Überprüfung der Rechtschreibung zur Verfügung. Für das Holen und Verwalten des Arbeitsmaterials ist der „Materialmanager" verantwortlich.

Vorstellung der Ergebnisse und ihre Reflexion

Nach der Arbeitsphase bilden die Schüler mit jeweils einem anderen Partnerteam eine Vierergruppe und präsentieren sich gegenseitig ihre verschriftlichten Bilderbriefe. Sie überlegen anhand der Briefvorlage, ob alle für den Inhalt wichtigen Aspekte berücksichtigt wurden. Die Präsentation übernimmt bereits in dieser ersten Austauschphase der Schüler mit der Rolle des Berichterstatters. Er hat so die Gelegenheit, seinen späteren Vortrag vor dem Plenum im Rahmen einer überschaubaren Kommunikationssituation zu üben. Beide Teams können sich gegenseitig Tipps für die anschließende Vorstellungsphase geben.

Nach der Präsentation in den Vierer-Gruppen erhalten die Partnerteams die Gelegenheit, ihre Ergebnisse im Plenum vorzustellen. In einem ersten Schritt werden die zuhörenden Teams gebeten, gelungene und interessante Aspekte der gehörten Vorträge zu benennen. Im Anschluss wird gemeinsam überlegt, ob alle für die Geschichte wichtigen Details des Bilderbriefes vorkommen. Außerdem sollten Hinweise und Tipps zur Verbesserung formuliert werden.

Abschließend bekommen die Partnerteams die Möglichkeit, mit Hilfe von Leitfragen ihre gemeinsame Arbeit der Stunde ergebnis- und methodenorientiert zu reflektieren. Hauptaspekte der Reflexion können dabei von Stunde zu Stunde variieren. Die Leitfragen können fachliche Aspekte (Ergebnisorientierung), methodische Aspekte (Verfahrensorientierung) oder auch soziale Aspekte (Verhaltensorientierung) ansprechen.

Diese Reflexion geschieht mit dem Verfahren „Drei-Finger-Reflexion:"

◆ Zunächst wird die Leitfrage zu einem Aspekt der Teamarbeit gestellt und geklärt

◆ Das Partnerteam berät kurz und einigt sich, wie es den erfragten Aspekt erfüllt hat

◆ Ein Teampartner gibt die Selbsteinschätzung des Teams ab

Bei fortgeschrittener Erfahrung sollten die Teams gebeten werden, ihre Gruppenansicht über das Arbeiten in der Gruppe kurz zu begründen. Das Ziel hierbei ist, die Zusammenarbeit der Gruppen zu verbessern und die Reflexionsfähigkeit der Kinder weiter zu entwickeln. Schüler und Lehrer sollten sich in dieser Phase besonderes auf die gelungenen Aspekte konzentrieren und auch differenziert klären, warum bestimmte Dinge besonders gut gelungen sind. Eine rein defizitorientierte Betrachtung wäre hier kontraproduktiv. Folgen Sie als Lehrer besser dem Prinzip des Verstärkungslernens: **„Erwische sie, wenn sie gut sind."**

Tabellarische Übersicht zum Verlauf der Stunde

Unterrichtsphasen	Situations- und Handlungsabfolge	Material/Medien
Einstieg/ Initiationsphase 10 min	◆ Begrüßung ◆ Erarbeitung des Unterrichtsverlaufs mit Symbolkarten ◆ Gespräch über bekannten Handlungsverlauf des Buches ◆ Vorstellung des Bilderbriefes ◆ Spontane Ideen und erste Arbeitsvorstellungen der Schüler	◆ Symbolkarten an der Tafel ◆ Bilder des Buches ◆ Kinokreis
Aufgabenstellung/ Orientierungsphase 5 min	◆ Partnerbildung mit dem Verabredungskalender ◆ Zuweisung der Rollen Materialmanager/ Berichterstatter ◆ Klärung der Aufgabenstellung ◆ Vorstellung der Arbeitsmittel ◆ Klärung der Zusammenarbeit beim Pair-Check	◆ Bilderbrief ◆ Arbeitsblatt Pair-Check ◆ Rollenkarten ◆ Wörterbücher ◆ Tafelanschrift mit Aufgabenstellung
Teamarbeit/ Transformationsphase 15 min	◆ Partnerteams arbeiten mit der Pair-Check-Methode ◆ Verschriftlichung des Bilderbriefes ◆ Gemeinsames Überprüfen der Rechtschreibung	
Präsentation 10 min	◆ Jeweils zwei Partnerteams bilden eine Vierergruppe und stellen gegenseitig ihre Ergebnisse vor ◆ Im Kinokreis stellen die Partnerteams ihre Übersetzung vor (Rolle des Berichterstatters)	◆ Tischgruppen ◆ Kinokreis ◆ Briefe der Teams
Reflexion 5 min **Insgesamt: 45 min**	◆ Leitfragen für die Reflexion werden vorgestellt und geklärt ◆ Beratung der Teams ◆ Selbstbewertung der Teams	◆ Drei-Finger-Reflexion

5. Was fressen eigentlich Frosch, Hase und Igel?

Förderung des informativen Lesens im Anfangsunterricht

Nach einer Unterrichtsidee von Karolina Wysocki

Intentionen

Gerade zu Beginn der Schulzeit stellt sich für einige Schüler das Lesen als eine mühevolle Angelegenheit dar. Die Gefahr, dass die Einstiegsmotivation beim Lesen lernen auf Dauer sinkt, ist zumindest für den Teil der Kinder mit Leseproblemen groß.

Um das Leseinteresse und die Lesefreude weiterzuentwickeln und zu erhalten, ist es gerade in dieser frühen Lernphase wichtig, die Inhalte der gelesenen Texte in einen für die Schüler sinnvollen Verwendungszusammenhang zu stellen. Sie sollen erfahren, dass man mit den erlesenen Informationen etwas Interessantes anfangen kann. Es ist daher sinnvoll, bereits in der Anfangsphase der Lesekompetenzentwicklung den Schülern die reale Bedeutsamkeit von Textinhalten für ihren Lebenszusammenhang deutlich werden zu lassen. Dieser Realbezug kann maßgeblich dazu beitragen, dass die Schüler ein nachhaltiges Interesse an der Arbeit mit Texten entwickeln. Auch das didaktische Prinzip der engen Verbindung von Leselern- und Schreiblernprozessen kann mit diesen konzeptionellen Überlegungen erfolgreich umgesetzt werden.

Die hier dargestellte Unterrichtsstunde ist Bestandteil einer Unterrichtsreihe, in der eine Tierkartei zu heimischen Tierarten erstellt wird. Die Schüler erarbeiten sich in Teamarbeit verschiedene Sachtexte, um genügend Informationen für ihre Tierkartei zu gewinnen. Dabei steht das informierende Lesen didaktisch im Vordergrund. Verschiedene Lesestrategien wie informierendes, orientierendes oder überfliegendes Lesen werden hier in ihren Anfängen entwickelt.

Die dabei eingesetzten Sachtexte sind auf der sprachlichen und stilistischen Ebene und auch auf der lexikalischen für Leseanfänger didaktisch aufbereitet und entsprechend gestaltet. Die verwendeten Texte enthalten für jede Unterrichtsstunde einen neuen informativen Schwerpunkt. Durchgehend in Teamarbeit beschäftigen die Schüler sich mit den Nahrungsgewohnheiten, der Lebensweise, den äußeren Merkmalen sowie der Lebensdauer und der Aufzucht des Nachwuchses. Die Methode des Markierens von relevanten Textstellen soll den Schülern beim Auffinden von Informationen für die eigene Tierkartei helfen und die Anbahnung von orientierenden und selektiven Lesestrategien fördern.

Mit Hilfe der „Pair-Check-Methode" unterstützen sich die Schüler gegenseitig beim Erlesen der Texte und gelangen durch das abwechselnde Lesen und Zuhören an die gesuchten Informationen. Diese in der kooperativen Methode implementierte Lernunterstützung ist gerade für Schüler, die noch Probleme mit dem Erlesen fremder Texte haben, eine wichtige Lernhilfe, die sie unmittelbar und sehr individuell für sich nutzen können. Gute Leser helfen Ihrem Partner mit Leseproblemen immer dann, wenn dieser eine Hilfe benötigt. Kooperative Lernmethoden fördern demnach nicht nur die Fähigkeiten zur Teamarbeit, sie bieten gleichzeitig immer auch eine durch die Schüler selbstverantwortlich und selbsttätig getragene Individualisierung und Differenzierung ihres Lernprozesses.

Fachliche Ziele

◆ Einem Text gezielt Informationen entnehmen (informierendes Lesen)

◆ Relevante Textstellen markieren

◆ In einem Text selektiv nach Informationen suchen

◆ Sich in einem Text orientieren

◆ Gefundene Informationen sachbezogen aufschreiben

◆ Mündlich Informationen präsentieren

◆ Fähigkeiten des aktiven Zuhörens vertiefen

Methodische Ziele

◆ Die Bedeutung von Symbolkarten für den Unterrichtsverlauf verstehen

◆ Arbeitsteilung gemäß der Rollenverteilung einhalten

◆ „Pair-Check-Methode" vertiefen, um eine gegenseitige Unterstützung beim Lesen zu erfahren

◆ „Karussell-Methode" vertiefen, um Gruppenergebnisse intensiver auszutauschen und die Kommunikationsfrequenz unter den Schülern zu erhöhen.

◆ Die eigene Arbeit bezogen auf die Kooperation mit dem Partner selbst einschätzen

◆ Fähigkeiten zur Konsensbildung entwickeln

◆ „Zielscheibe" als Reflexionsmethode kennen lernen

Soziale Ziele

◆ Sich auf einen Partner einlassen

◆ Sich gegenseitig unterstützen und helfen

◆ Sich an vereinbarte Regeln halten

◆ Mit Kritik umgehen können

◆ Den Partner ermutigen

Aspekte von Kooperativem Lernen

Positive Abhängigkeit

Von den neun Elementen, die die Teamarbeit fördern können, sind in dieser Unterrichtsstunde folgende Aspekte besonders berücksichtigt worden:

◆ Gemeinsames Ziel (Erstellen einer Tierkartei für die Klasse)

◆ Lernmaterial (zwei „Pair-Checks" , zwei Texte und zwei Karteien pro Gruppe)

◆ Rollen (Flüsterchef, Materialmanager, Zeitwächter, Teamsprecher)

◆ Außenkraft (die Zeitvorgabe und die Verpflichtung, einen brauchbaren Beitrag zur Tierkartei der Klasse zu liefern) Lernumgebung (die Schüler sitzen an Gruppentischen mit der Möglichkeit beim Sprechen ungehindert Blickkontakt aufnehmen zu können)

◆ Identität (durch die Wahl des gemeinsamen Lieblingstieres)

Individuelle Verantwortung

Es gibt während der Teamarbeit eine klare Aufgabenverteilung, die den einzelnen in eine Verantwortungsposition gegenüber dem Team und dem Teamergebnis bringt. Dennoch kann jeder bei seiner individuellen Aufgabenerfüllung auf die Lernunterstützung des Teams vertrauen.

Gruppenevaluation

Die Betrachtung und Bewertung der Teamarbeit geschieht mit der „Zielscheiben-Methode". Dabei liegt der Schwerpunkt auf einem Reflexionsgespräch innerhalb des Teams und der Entwicklung eines Konsenses für die Bewertung der gemeinsam geleisteten Arbeit.

Soziales Lernen

Die Schüler müssen sich beim Lesen und beim Aufschreiben wichtiger Informationen gegenseitig helfen und kontrollieren. Insbesondere bei Lese- und Verstehensproblemen sollen leistungsstarke Schüler Geduld und Toleranz entwickeln und lernen, Mittel der Ermutigung als Lernunterstützung für den Teampartner einzusetzen.

Direkte Interaktion

Die Schüler sitzen während der Arbeitsphase gemeinsam an einem Gruppentisch, was ihnen ein günstiges Kommunizieren mit dem Lernpartner erlaubt. Der gemeinsame Blickkontakt und die räumliche Nähe zum Partner kann das Auftreten von Kommunikationsstörungen mildern.

Tipps für die Unterrichtsdurchführung

Teambildung, Identitätsbildung und Zieltransparenz

Da die Schüler bereits im Rahmen der Unterrichtsreihe in Teams eingeteilt wurden, ist in dieser Stunde keine neue Teambildung erforderlich. Die Teambildung erfolgte zu Beginn der Reihe interessenorientiert: Die Schüler hatten die Wahl, sich mit einem Lieblingstier zu beschäftigen, was gleichzeitig die Grundlage für die Teambildung und die Identitätsbildung innerhalb des Teams war.

Zu Beginn dieser Unterrichtsstunde erfolgt zunächst ein Rückblick mit Hilfe einer Mindmap, die an der Tafel präsentiert wird. Dort sind die Informationen visuell aufbereitet, die die Schüler im Verlauf der Reihe bereits für die Tierkartei erarbeitet haben. Auf diese Weise wird ihnen transparent, welche Informationsschwerpunkte für diese Stunde in Frage kommen. Die Klärung des Ablaufs der Stunde erfolgt mit Symbolkarten und allen benötigten Lernmaterialien für die Teamarbeit, die gut sichtbar an die Tafel geheftet sind. Die visuelle Unterstützung soll dazu beitragen, dass die Schüler den Ablauf der Stunde mit geringer Unterstützung des Lehrers weitgehend selbstständig klären können und besser nachzuvollziehen, weshalb sie heute an den bestimmten Themen und mit den gewählten Methoden arbeiten.

Aufgabenstellung und Rolleneinteilung

Anschließend erfolgt die Rollenverteilung, die in jeder Stunde erneut geregelt wird. Dadurch ist jedes Kind für eine besondere, zusätzliche Aufgabe innerhalb der Gruppe verantwortlich. In dieser Stunde gibt es die Rollen „Materialmanager", „Zeitwächter", „Teamsprecher" und „Flüsterchef". Die besondere Organisation dieser Unterrichtsstunde besteht darin, dass die Gruppe als Vierer-Team arbeitet und letztlich ein gemeinsames Ergebnis liefert, die Textarbeit als solche aber auf der Basis einer Partnerarbeit mithilfe des „Pair-Checks" geschieht.

Die Schüler erhalten den Arbeitsauftrag, den Text im Rahmen der „Pair-Check-Methode" abwechselnd mit ihrem Schulterpartner zu lesen. Dabei liest der Schüler A den ersten Satz vor. Schüler B benennt die Inhalte, die bedeutsam für ihre gemeinsame Karteikarte sind. Schüler A markiert diese Informationsstellen im Text, wonach Schüler B diese dann auf seiner Seite des „Pair-Check-Arbeitsblatts" richtig abschreibt. Danach wechseln sich die Schüler A und B ab und Schüler B liest den nächsten Satz vor. Der Sinn dieser Arbeitsform besteht darin, dass jeder Schüler die Möglichkeit erhält, sich den Text selbstständig zu erschließen und alle Gruppen zu einem Erfolg versprechenden Ergebnis gelangen. Um allen Schülern, diese Form der Zusammenarbeit deutlich zu machen, ist es sinnvoll, ein Partnerteam den Arbeitablauf vor der Klasse demonstrieren zu lassen.

Texterarbeitungsphase im Team

Der Materialmanager besorgt jeweils zwei Sachtexte, zwei „Pair-Check-Arbeitsblätter" und eine Karteikarte für sein Team. Die Schüler arbeiten paarweise an ihrem Sachtext, wobei möglichst ein guter Leser mit einem weniger guten Leser zusammenarbeiten sollte. Für die Herausarbeitung der Informationen wird den Schülern ein Zeitrahmen von etwa 15 Minuten vorgegeben, den sie mit Hilfe einer Uhr, die an der Tafelwand hängt, überprüfen können.

Sollten einige Schüler früher mit dem Lesen und dem Herausschreiben der Sachinformation fertig sein, erhalten sie den zusätzlichen Auftrag, „Aufpass-Stellen" in Wörtern zu markieren. „Aufpass-Stellen" sind Stellen, die Abweichungen von der rein lautlich orientierten Schreibweise besitzen, wie z.B. bei dem Wort „Beeren". Diese sogenannten Aufpass-Stellen sollen den Schülern einen genaueren Blick dafür geben, dass nicht alle Wörter in unserer Sprache vollständig phonetisch erschließbar sind. Die Anbahnung dieser Sprachaufmerksamkeit ist gerade in der

Anfangsphase des Lesenlernens wichtig, um Grundlagen für später zu erarbeitende Rechtschreibregelungen auf orthographischer oder morphemischer Ebene bei den Schülern zu entwickeln.

Nachdem alle wichtigen Informationen aus dem Text herausgelesen wurden, findet ein Austausch mit anderen Teams mit der „Karussell-Methode" statt. Da sich die Schüler alle an Gruppentischen befinden, wandern immer zwei nebeneinander sitzende Kinder eines Tisches zum nächsten Gruppentisch. Auf diese Weise ist es möglich immer neuen Gesprächspartnern gegenüber zu sitzen. Der Wechsel der Gesprächspartner erfolgt auf ein akustisches Signal hin. Der teamübergreifende Austausch soll den Schülern als Überprüfung dienen, ob sie alle Inhalte so gut verstanden haben, dass sie diese einer zweiten Person vortragen können. In diesen Situationen sollen die Schüler beginnen, ihre Ergebnisse zu vergleichen und sich gegenseitig erste Rückmeldungen zu geben. Äußerungen wie „Oh nein, wir werden von den Eulen gefressen" (von Seiten der „Mausgruppe") zeigen, dass die Schüler sich gegenseitig zuhören und die Informationen miteinander verknüpfen. Der Wechsel erfolgt je nach vorhandener Zeit maximal dreimal, da ansonsten zu viele unterschiedliche Informationen verarbeitet werden müssten.

Vorstellung der Ergebnisse und ihre Reflexion

Danach kehren die Schüler an ihren ursprünglichen Teamplatz zurück. Die zu Beginn der Stunde vorgegebenen Reflexionskriterien dienen als Leifragen für ein Teamgespräch:

◆ „Was hat bei der Zusammenarbeit während der „Pair-Check-Methode" bei euch gut geklappt?"

◆ „Was habt ihr für die Einhaltung der Rollen alles gemacht?"

Die Schüler besprechen untereinander diese beiden Fragen und einigen sich auf eine gemeinsame Sichtweise als Ergebnis. In einem zweiten Schritt sollen sie ihre Arbeit zu diesen beiden Aspekten selbst bewerten. Auch dabei soll eine einvernehmliche Meinung gefunden werden. An der Tafel hängen für die Visualisierung der Bewertungen zwei Zielscheiben. Eine Zielscheibe soll die Zusammenarbeit des Teams und die andere die Einhaltung der Rollen in der Gruppe sichtbar werden lassen. Der Mittelpunkt der Zielscheibe bedeutet „Es hat sehr gut funktioniert". Der Außenkreis drückt aus, dass man im Team damit nicht ganz zufrieden war. Jede Gruppe erhält unterschiedliche Farbpunkte, um die Ergebnisse zwischen den Gruppen unterscheiden zu können. Der Gruppensprecher erhält die Aufgabe, die beiden Farbpunkte entsprechend der Team-Meinung auf den Zielscheiben zu platzieren. Danach sollte ein Austausch im Plenum erfolgen, in dem geklärt werden kann, warum sich ein Team für einen Platz im Innenkreis bzw. Außenkreis der Zielscheibe entschieden hat. Die Gruppen, die sich für eine Platzierung auf dem Außenkreis entschieden haben, sollten zunächst unbedingt für ihre Ehrlichkeit gelobt werden. Gruppen, bei den es schon gut geklappt hat, können den anderen Gruppen Tipps geben, was und wie sie es beim nächsten Mal besser machen können. Denn die Erfahrung zeigt, dass konstruktive Tipps von Schülern nicht so schnell als Kritik angesehen werden und oft wirkungsvoller sind als Interventionen des Lehrers.

Tabellarische Übersicht zum Verlauf der Stunde

Unterrichtsphasen	Situations- und Handlungsabfolge	Material/Medien
Einstieg/ Initiationsphase 5 min	◆ Begrüßung ◆ Erarbeitung des Ablaufs der Stunde ◆ Präsentation der Mindmaps mit den bereits erarbeiteten Informationen für die Tierkartei ◆ Erarbeitung der Aufgabenstellung	◆ Symbolkarten ◆ Mindmaps
Aufgabenstellung/ Orientierungsphase 10 min	◆ Klärung der Rollenverteilung ◆ Vorstellung der Lernmaterialien ◆ Erarbeitung der Pair-Check-Methode. Demonstration vor der Klasse ◆ Teams suchen ihren Arbeitsplatz auf. ◆ Materialmanager besorgen das Lernmaterial für die Teams.	◆ Symbolkarten für Rollen Lernmaterialien an der Tafel: ◆ Kartei ◆ Pair-Checks ◆ Sachtexte
Teamarbeit/ Transformationsphase 15 min	◆ Teams erarbeiten sich den Informationsgehalt ihrer Texte mit dem Pair-Check.	◆ Märchenabschnitte, Lesekarten, Liste mit Worterklärungen Lernplakate, Stifte, Wörterbuch
Austausch der Arbeitsergebnisse 5 min	◆ Lehrer erarbeitet und organisiert mit den Schülern die Karussell-Methode zur teamübergreifenden Vorstellung und zum Austausch der Ergebnisse ◆ Mindestens ein weiterer Teamwechsel nach akustischem Signal	◆ Symbolkarte für Karussell
Reflexion 10 min	◆ Erarbeitung der Reflexion mit der Zielscheibe ◆ Teams beraten die Reflexionsfragen und finden einen Bewertungskonsens ◆ Gruppensprecher punkten die Team-Meinung auf der Zielscheibe ◆ Unterrichtsgespräch über die Gründe der Bewertung und Möglichkeiten der Optimierung	◆ Leitfragen für die Reflexion (Tafelpräsentation) ◆ Zielscheibe an der Tafel ◆ Farbige Bewertungspunkte (für jedes Team eine andere Farbe)
Insgesamt: 45 min		

107

6. Wir werden Überarbeitungsprofis

Syntaktische Proben als Mittel zur stilistischen Überarbeitung von Texten

Nach einer Unterrichtsidee von Sandra Röder

Intentionen

In dieser Unterrichtsstunde üben die Schüler gemeinsam mit einem Partner die Anwendung verschiedener syntaktischer Proben (Ergänzen, Erweitern, Weglassen, Umstellen, Verbinden) an beispielhaft isolierten Textproblemstellen. Die Schüler haben im Verlauf der Unterrichtseinheit die Erfahrung gemacht, dass man durch bestimmte sprachliche Umstellungsverfahren die stilistische Qualität von Sätzen und Texten verbessern kann. Innerhalb des schriftlichen Sprachgebrauchs ist die Förderung und die Entwicklung von Überarbeitungskompetenzen zur Optimierung eigener Texte ein Aufgabenschwerpunkt. Den Schülern müssen dazu Werkzeuge zur Verfügung gestellt werden, mit deren Hilfe sie gezielt sowohl die eigenen Schreibabsichten als auch die Lesewirkung der eigenen Texte steigern können. Die oben erwähnten grammatischen Proben helfen, typische stilistische Schreibprobleme von Schreibanfängern (gleiche Satzanfänge, Wortwiederholungen, geringer Gebrauch von Attributen oder Adverbien, fehlende oder fehlerhafte Satzverbindungen) mit zunehmender Spracherfahrung zu beheben. Zudem liefern sie den Schülern grundlegende Einsichten in den Zusammenhang zwischen der Struktur eines Satzes und seiner Wirkung auf den Leser. Die hier dargestellte Unterrichtsstunde ist als Gelegenheit zu sehen, die Anwendung der verschiedenen Proben an isolierten Sätzen zu trainieren. Nach einer solchen Übungsphase ist es jedoch notwendig, dass die Schüler in einem weiteren Schritt lernen, diese Werkzeuge in Textüberarbeitungssituationen anzuwenden. Auf diese Weise wird ihr Sprachgefühl fortschreitend entwickelt und sie sind besser in der Lage, Textproblemstellen zu erkennen und zu beheben. Der Einsatz grammatischer Operationen ist ein überzeugendes Beispiel, wie man die Aufgabenbereiche „Sprachreflexion" und „Textproduktion" zu einer sinnvollen Verbindung bringen kann. Grammatisches Wissen und grammatische Fertigkeiten gewinnen für die Schüler einen nachvollziehbaren Sinn als Strategien zur Überarbeitung von Texten.

Die Unterrichtstunde ist mit Hilfe eines „Stationenlaufs" organisiert, bei dem jeder Überarbeitungstipp und jede syntaktische Probe eine eigene Station bildet.

Mit Hilfe der kooperativen Lernmethode „Pair-Check" bearbeiten die Schüler die einzelnen Stationen und übernehmen dabei abwechselnd die Rolle des Lesers und des Schreibers. Diese Methode gewährleistet, dass die Schüler sich gegenseitig bei der Anwendung der jeweiligen sprachlichen Operationen beraten können, um auch die semantischen Veränderungen in der Satzaussage zu überprüfen. Der didaktische Schwerpunkt der Unterrichtsstunde liegt darin, dass jeder Schüler im Verlauf der Trainingseinheit jede Probe sicher anwenden kann. Je nach Lernvoraussetzung der Schüler kann die Unterrichtseinheit auch in zwei Zeitstunden durchgeführt werden, die nicht unbedingt aufeinander folgen müssen.

Fachliche Ziele

◆ Sätze verändern mit folgenden Proben: Umstellprobe, Weglassprobe, Ergänzungsprobe, Erweiterungsprobe, Verbindungsprobe

◆ Die Lesewirkung von veränderten Sätzen mit dem Partner diskutieren

◆ Veränderte Sätze orthographisch richtig aufschreiben

◆ Die Satzaussage beraten und verstehen

◆ Mithilfe von grammatischen Proben die Aussagewirkung von Sätzen steigern

Methodische Ziele

◆ Die Anwendung der „Pair-Check"-Methode vertiefen

◆ Die Organisationsform der Übungsstationen kennen lernen

◆ Die Methode der „Drei-Finger-Reflexion" zur Überprüfung und Bewertung der eigenen Arbeit anwenden

Soziale Ziele

◆ Sich gegenseitig ermutigen, die gemeinsame Arbeit loben

◆ Hilfen erfragen und annehmen lernen

◆ Geduld und Toleranz gegenüber dem Lernpartner entwickeln

◆ Partnerbezogene Lernhilfen geben

Aspekte von Kooperativem Lernen

Positive Abhängigkeit

Methodisch steht die positive Abhängigkeit als Basiselement des Kooperativen Lernens in folgender Ausprägung im Vordergrund:

◆ Die Schüler haben das gemeinsame Ziel, die Beispielsätze der einen Spalte zu lesen und in die andere Spalte die überarbeiteten Sätze zu schreiben

◆ Die Ressourcen der Paare sind beschränkt auf ein gemeinsames Arbeitsblatt

◆ Den Partnern werden abwechselnd unterschiedliche Rollen zugewiesen (Leser, Schreiber)

◆ Die Partner sind von ihrer Lernumgebung abhängig. Sie arbeiten an den einzelnen Stationen und sitzen an einem Tisch nebeneinander, um einen gemeinsamen Blick auf ihr Arbeitsblatt zu haben

◆ Die Reihenfolge des gegenseitigen Zuarbeitens ist im Rahmen der Pair-Check-Methode vorgegeben

Individuelle Verantwortung

Die individuelle Verantwortlichkeit eines jeden Partners liegt in der Bearbeitung der Spalte mit der entsprechenden Rollenzuweisung. Jeder muss in wechselnden Rollen seinen Beitrag zum Gesamtergebnis des Teams leisten.

Gruppenevaluation

Die reflexive Würdigung der Schülerarbeit ist ein zentrales Anliegen des Kooperativen Lernens. Sie geschieht in dieser Stunde mit der „Drei-Finger-Reflexion". Um ermutigend und verstärkend zu wirken, sollte man sich im Reflexionsgespräch auf gelungene Aspekte der Zusammenarbeit konzentrieren.

Soziales Lernen

Die Ziele im Bereich des sozialen Lernens liegen in dem gegenseitigen Zuhören und Loben sowie der konstruktiven Hilfestellung bei Schwierigkeiten des Lernpartners. Alle Paare erfahren durch das Loben und die gegenseitige Hilfestellung ein gemeinsames effektives Lernen.

Direkte Interaktion

Die Lernpartner sitzen während der Arbeitsphase Schulter an Schulter, um einen gemeinsamen Blick auf das Arbeitsblatt zu haben. Sie können direkt – verbal und nonverbal – miteinander über die Aufgabenstellung kommunizieren.

Tipps für die Unterrichtsdurchführung

Die Schüler haben sich in den vorangegangenen Unterrichtsstunden bereits alle sprachlichen Überarbeitungstipps eigenständig anhand von isolierten Beispielsätzen erarbeitet und kennen alle grammatischen Proben bereits, die heute Gegenstand der Übungsstationen sind. Sie haben erste Erfahrungen gemacht, welche Textprobleme mit den einzelnen Proben bearbeitet werden können. Dabei sind zunächst lediglich einzelne Beispielsätze mit isolierten Problemen (wie zum Beispiel die Verwendung eines gleichen Satzanfangs) ausgewählt worden, damit die Schüler für solche Textprobleme sensibilisiert werden. Dennoch ist ein vertieftes Üben der Proben notwendig, um die Schüler in der Anwendung sicherer zumachen und die Grundlage für ein routinemäßiges Handeln in Textüberarbeitsphasen anzulegen.

In dieser Trainingsstunde wenden die Schüler nun die kennen gelernten Überarbeitungstipps an isolierten Sätzen an, bevor sie anschließend Problemstellen in einem Text erkennen und entsprechend überarbeiten sollen.

Teambildung und Identitätsfindung

Ziel- und Ablauftransparenz

Mit Hilfe von Symbolkarten wird den Schülern der Ablauf der Unterrichtsstunde verdeutlicht. Dabei soll ihnen der Zusammenhang zwischen den Zielen dieser Übungsstunde und ihrer bereits geleisteten Arbeit deutlich gemacht werden. Die weitere Zielformulierung, sich während der Arbeitsphase gegenseitig zu beobachten, dem Lernpartner aktiv zuzuhören, ihn zu loben und zu unterstützen, dient als Vorbereitung für die abschließende Reflexion der gemeinsamen Arbeit.

Aufgabenstellung und Rolleneinteilung

Jedes Paar findet an der zugeteilten Station ein Arbeitsblatt (Pair-Check), das gemeinsam bearbeitet werden soll. Da es sich hier um eine jahrgangsgemischte Klasse handelt, erfolgt die erste Rollenzuweisung (Leser bzw. Schreiber) nach einem von der Lehrerin ausgewählten Kriterium (z. B.: Das älteste Kind ist zunächst der Leser, das jüngere Kind der Schreiber). In jahrgangsgleichen Klassen kann man die Zuteilung der Rollen zufallsbezogen gestalten.

Der Leser erhält die Aufgabe, das erste Beispiel aus der linken Spalte dem Partner vorzulesen, zu formulieren, welches Problem ihm aufgefallen ist und entsprechend des Überarbeitungstipps der Station den Satz zu überarbeiten. Der Schreiber muss seinem Partner zunächst aktiv zuhören und überprüfen, ob der von ihm vorgeschlagene Überarbeitungstipp auf das Beispiel richtig angewendet worden ist. Im Sinne des Kooperativen Lernens lobt er seinen Partner, wenn dieser das Beispiel richtig überarbeitet hat oder hilft ihm, wenn er Schwierigkeiten hat. Danach hat der Schreiber die Aufgabe, in die linke Spalte den überarbeiteten Satz aufzuschreiben. Anschließend werden die Rollen getauscht. Den Schülern wird durch die Begrenzung des Lernmaterials (ein gemeinsames Arbeitsblatt) das gemeinsame Ziel deutlich, dass beide das Überarbeitungsverfahren so gut wie möglich erlernen sollen.

Es bietet sich an, mit einem Schüler gemeinsam diesen Arbeitsablauf vor der Klasse zu simulieren, damit jedem einzelnen Schüler die entsprechende Rolle und das Zusammenwirken während des „Pair-Checks" deutlich werden.

Teambildung

Mit Hilfe von Farbkarten werden danach die Paare für die Arbeitsphase gebildet. Jeder Schüler zieht eine Karte und findet sich mit dem Partner zusammen, der die gleiche Farbkarte gezogen hat. Die Farbe der Karte zeigt den Schülern gleichzeitig, welche Station sie zuerst bearbeiten sollen (Die fünf verschiedenen Stationen sind farblich markiert). Da nur fünf Stationen vorhanden sind, bietet sich an, dass an manchen Stationen zwei Paare gleichzeitig arbeiten. Die Farbkarten des zweiten Paares können zusätzlich mit einer Ziffer gekennzeichnet werden, damit es nicht zu einer Verwirrung bei der Partnerfindung kommt.

Da es beim Kooperativen Lernen wichtig ist, dass jeder mit jedem kommunizieren lernt, ist insbesondere die Bildung der Zufallspaare von großer Bedeutung. Dieses Prinzip sollte man unbedingt auch im Sinne der sozialen Erziehung der Schüler stets verfolgen.

Texterarbeitungsphase im Team

Wenn die Schüler an ihrer ersten Station sind, beginnen die Partnerteams entsprechend der Rolleneinteilung mit der Überarbeitung. Falls das Team Schwierigkeiten bei der Anwendung des Überarbeitungstipps hat, findet es an der Station eine Tipp-Karte, auf der der Überarbeitungstipp nochmals erklärt und mit einem Beispiel verdeutlicht wird.

Sind die Schüler mit der ersten Station fertig, erhalten sie von der Lehrerin ein Heftchen, das in Form eines Laufpasses genutzt wird. Die Schüler tragen die Stationen ein, die sie bereits bearbeitet haben. Zusätzlich muss jeder Schüler für sich in einer weiteren Spalte festhalten, ob die Station mit Hilfe des Partners zufrieden stellend bearbeitet werden konnte. Dafür können verschiedene Smileys (lachend, neutral, traurig) eingetragen werden. Die Schüler reflektieren bereits in dieser Phase die Zusammenarbeit mit dem Partner, was ihnen für die Schlussreflexion hilfreich sein kann. Anschließend suchen sich die Lernpartner eine neue Station und bearbeiten diese nach dem gleichen Prinzip, bis sie alle Stationen durchlaufen haben.

Vorstellung der Ergebnisse und ihre Reflexion

Drei-Finger-Reflexion

Die Bearbeitung der einzelnen Überarbeitungsstationen kann gegebenenfalls über zwei Unterrichtsstunden fortgeführt werden. Dennoch empfiehlt es sich, schon nach der ersten Stunde mit den Schülern über das gemeinsame Arbeiten zu reflektieren. Die vorgegebenen Kriterien zur Reflexion ergeben sich aus der in der Initiationsphase formulierten Zieltransparenz (Wir hören uns zu, wir loben und helfen uns gegenseitig).

Für diese Unterrichtsstunde bietet sich die Methode „Drei-Finger-Reflexion" an. Zwischen den Partnern entwickelt sich ein Gespräch über die Art und Weise, wie sie miteinander während der Arbeitsphase kommuniziert und kooperiert haben. Diese Methode sorgt dafür, dass jeder Schüler zunächst für sich selbst reflektiert, sich mit dem Partner abstimmt und mit Hilfe der Anzahl der Finger eine Rückmeldung für das Team gibt. Es ist sinnvoll, wenn der Lehrer vereinzelt auf Rückmeldungen eingeht. Im Vordergrund steht nach dieser Unterrichtsstunde insbesondere die Reflexion über die sozialen und methodischen Ziele. Alternativ bietet sich an, auch fachliche Aspekte zu reflektieren und beispielsweise überarbeitete Sätze vorzutragen und miteinander zu vergleichen.

Tabellarische Übersicht zum Verlauf der Stunde

Phase/Methode	Situations- und Handlungsabfolge	Material/Medien
Initiation	◆ Begrüßung, Ziel- und Ablauftransparenz mit Hilfe der Symbolkarten	◆ Symbolkarten
Aufgabenstellung Partnerfindung	„Ihr findet euch mit eurem Partner zusammen und sucht euch entsprechend eurer Farbkarte die Überarbeitungsstation. Zu zweit bearbeitet ihr ein gemeinsames Arbeitsblatt, das ihr an der Station findet." ◆ Partner 1 (vorgegebenes Kriterium: der ältere Schüler beginnt mit dieser Rolle) liest den ersten Beispielsatz der linken Spalte vor und macht mündlich einen Vorschlag, wie er diesen mit dem Überarbeitungstipp überarbeiten würde. ◆ Partner 2 hört aufmerksam zu, lobt, verbessert und schreibt den überarbeiteten Satz in die rechte Spalte. ◆ Selbstständiger Wechsel der Stationen	◆ Farbkarten ◆ Simulation des Arbeitsprozesses zwischen den Partnern
Arbeitsphase mit der Stationen	Die Schüler ◆ überarbeiten mündlich abwechselnd die Sätze ◆ hören sich aktiv zu ◆ schreiben abwechselnd die Sätze auf ◆ loben und helfen sich gegenseitig ◆ reflektieren nach jeder Station die Arbeit mit dem Partner und tragen ihr Empfinden im Laufpass ein	◆ Arbeitsblätter mit Pair-Check-Format an den Stationen ◆ Laufpass
Reflexion **Drei-Finger-Reflexion**	Jeder Schüler reflektiert die Arbeit und zeigt entsprechend seiner Meinung ein bis drei Finger für das Team ◆ "So haben wir uns gegenseitig gelobt" ◆ "So haben wir uns gegenseitig bei Schwierigkeiten geholfen" ◆ "So haben wir die Überarbeitungstipp mit Hilfe des Partners gut verstanden"	◆ Kinokreis vor der Tafel

7. „Was man im Team lernt, kann man später auch alleine"

Rechtschreibung erlernen – Diktattexte üben

Nach einer Unterrichtsidee von Ludmilla Keller

Intentionen

Das fachdidaktisch zentrale Ziel in diesem Unterrichtsbeispiel ist, dass die Schüler eine Methode erwerben, anhand welcher sie in Partnerarbeit einen Diktattext üben und dabei Rechtschreibschwierigkeiten überwinden lernen. Bei dieser Übungsmethode erfahren die Kinder, wie wichtig es ist, auf den Partner mit seinen Stärken und Schwächen einzugehen, sich seinem Arbeitstempo anzupassen und Verantwortung für den Trainingserfolg des Teams zu übernehmen. In diesem arbeitsteiligen Verfahren wird der gesamte Diktattext diktiert und von beiden Partnern aufgeschrieben und geübt.

Diese Unterrichteinheit liefert einen interessanten Vorschlag, wie man die Entwicklung der Rechtschreibkompetenz durch kooperative Lernstrategien entwickeln kann. Dies wird erreicht durch die gemeinsame und gleichzeitig motivierende Aufgabe für die Partnerarbeit und eine abwechslungsreiche, methodische Variante der Diktatübungsform.

Unterstützt wird dieser Übungsprozess durch die Methode „Schnittkreis", die die Vorgehensweise und den Ablauf der Zusammenarbeit sowie die Verfahren der gegenseitigen Lernunterstützung eindeutig regelt. Die Schüler diktieren und schreiben im Wechsel das Diktat. Gemeinsam analysieren sie danach die Fehler, indem sie diese zunächst identifizieren, markieren und gemeinsam korrigieren. Dabei versuchen sie, für einige Wörter eine Rechtschreibregelung zu entdecken, um diesen Fehler beim zweiten Übungsdurchlauf zu vermeiden. Bereits während der Korrekturphase entwickeln sich zwischen den Partnern erste Rechtschreibgespräche, um individuelle Strategien zur Fehlervermeidung zu entwickeln.

Diese Unterrichtseinheit lässt sich schon zu Beginn des Kooperativen Lernens einsetzen. Die Anforderungen an die Kooperationsfähigkeit der Schüler sind nicht zu komplex und können somit von allen Schülern erfüllt werden. Sinnvoll als Vorerfahrung ist es sicherlich, bereits Partnerdiktate auf die herkömmliche Art und Weise, also ohne den Einsatz von kooperativen Methoden und ohne graphische Visualisierungsformen durchgeführt zu haben.

Abhängig von der Methoden- und Sozialkompetenz der Lerngruppe lässt sich dieses Unterrichtsbeispiel in einer Einzelstunde durchführen. Dazu gehören die Partnerbildung, die Übung selbst und die Partnerevaluation. Die Grundstruktur dieser Unterrichtsstunde kann in allen Jahrgangsstufen für das Schreiben von Texten aus der Vorstellung verwendet werden.

Fachliche Ziele

◆ Verstehendes Zuhören, bei Bedarf nachfragen

◆ Rechtschreibleistungen verbessern, bzw. Verständnis/Bewusstsein für die Rechtschreibung entwickeln

◆ Wortmaterial rechtschriftlich sichern und richtig wiedergeben

◆ Verbesserung des ausgewogenen Schriftbildes durch langsames und konzentriertes Schreiben

◆ Visuelles Gedächtnis schulen

◆ Schulung der Feinmotorik/Auge-Hand-Koordination

◆ Rechtschreibregelungen entdecken und formulieren

◆ Anwenden bekannter Rechtschreibregelungen

◆ Entwickeln individueller Strategien der Fehlervermeidung

◆ Gemeinsam genau kontrollieren und korrigieren

◆ Sensibilisierung für vollständige Sätze und kontinuierliche Texte

Methodische Ziele

◆ Zufallsbedingte Partnerbildung akzeptieren

◆ Mit dem Partner sachorientiert und effektiv zusammen arbeiten

◆ Die Methode Schnittkreis kennen lernen und sachgerecht durchführen

◆ Arbeits- und Kooperationsverfahren gemäß der Rolleneinteilung einhalten

◆ Ein gemeinsames Arbeitsziel erreichen

◆ Jeden an der Arbeit beteiligen

Soziale Ziele

◆ Sich auf den Partner einlassen/einstellen

◆ Hilfestellungen bei Unsicherheiten leisten (z.B. Tipps geben, bekannte Rechtschreibregelungen anzuwenden)

◆ Den Partner mit seinen Stärken und Schwächen akzeptieren und respektieren

◆ Eine dem Partner zugewandte Körperhaltung einnehmen und Blickkontakt aufnehmen

◆ Einander gezielt zuhören und helfen

◆ Die Ergebnisse eigener Arbeit schätzen und sich gegenseitig ermutigen

◆ Sich während der Arbeit an vereinbarte Regeln des leisen und konzentrierten Arbeitens halten

Aspekte des Kooperativen Lernens

Auch in dieser Unterrichtseinheit findet man wesentliche Basiselemente des Kooperativen Lernens, die sich als erste Schritte des Kooperativen Lernens und Lehrens verstehen. In dieser Stunde unternehmen die Kinder die ersten Versuche, miteinander zu arbeiten und voneinander zu profitieren. Vor allem sollen sie entdecken, dass das gemeinsame Lernen und Üben Freude bereitet und auch mehr Erfolg gewährleistet.

Das Üben des Diktats mithilfe des Schnittkreises verdeutlicht den Unterschied zwischen strukturierter und geordneter Partnerarbeit und konventioneller Partnerarbeit. Durch den Einsatz des Schnittkreises erreichen wir einen Kooperations- und Kommunikationsprozess, der von Anfang an sachorientiert verlaufen kann. Die Erfahrungen mit Kooperativem Unterricht haben gezeigt, dass der Lehrer die positiven Effekte der Elemente der Positiven Abhängigkeit nicht unterschätzen sollte. Ihre sorgfältige Planung durch den Lehrer erleichtert den Schülern das gemeinsame Lernen nachhaltig.

Positive Abhängigkeit

◆ Gemeinsames Ziel (am Ende der Übung ein rechtschriftlich gesichertes Wortmaterial zu erwerben bzw. im Text so wenige Rechtschreibfehler wie möglich zu machen)

◆ Belohnung (jedes Partnerteam belohnt sich selbst; nach der Korrektur zeichnen die Partner ein Smiley, ein Blümchen usw. für die gelungene Schreibleistung)

◆ Außenkraft (die Zeitvorgabe für die gesamte Diktier- und Schreibleistung inklusive Korrektur)

◆ Reihenfolge (der genau formulierte Arbeitsauftrag an der Tafel legt die Reihenfolge und das Zusammenwirken der einzelnen Partner fest)

◆ Lernumgebung (Zwei Schüler sitzen einander zugewandt an einem Arbeitstisch)

◆ Rollen (Immer im Wechsel wird diktiert und geschrieben: Zuhörer, Schreiber)

Ressourcen (Jedes Paar erhält den gleichen Satz Arbeitsmaterialien: Übungstext, Schnittkreis)

Individuelle Verantwortung

Jeder Partner übernimmt Verantwortung beim deutlichen Diktieren, beim genauen Kontrollieren und Korrigieren und vor allem dadurch, dass er mit dem Partner die adäquaten Rechtschreibregeln klärt und diesen dafür sensibilisiert.

Partnerevaluation

Die Partner führen gemeinsam den „Team-Check" durch, d.h., sie analysieren und bewerten ihr Arbeitsverhalten.

Soziales Lernen

Die Schüler lernen, sich auf ihren Partner einzulassen. Sie tragen durch aktives Zuhören, Helfen, Ermuntern, Verbessern und der Partnerzuwendung dazu bei, dass auch der rechtschreibschwache Partner ein besseres Verständnis für Rechtschreibprobleme entwickelt und vor allem Freude beim Erlernen und Anwenden der Rechtschreibstrategien erlebt.

Direkte Interaktion

Durch die Face-to-Face-Situation, die beschränkten Arbeitsressourcen und den gemeinsamen Arbeitsplatz entsteht automatisch eine auf den Partner abgestimmte Arbeitshaltung. Die Partner sollten nebeneinander sitzen, um so besser überprüfen zu können, was der Partner schreibt.

Tipps für die Unterrichtsdurchführung

Teambildung und Identitätsfindung

Als Einstieg in die Unterrichtsstunde erfolgt die Partnerbildung durch die Zuordnung von 1x1-Aufgaben zu deren Ergebnissen (Bsp.: „9 x 6"=? und „54"). Jeder Schüler zieht aus einem Kästchen eine Karte mit einer Aufgabenstellung oder einem entsprechenden Ergebnis der Einmaleins-Reihen. Die Schüler bewegen sich dann frei durch die Klasse und suchen ihren Partner, indem sie entweder das Ergebnis ihrer Aufgabe oder die Aufgabe für ihr Ergebnis suchen.

Aufgabenstellung und Rolleneinteilung

Der an der Tafel durch Symbolkarten visualisierte Unterrichtsverlauf und der Arbeitsauftrag für die Partnerarbeit werden im Plenum erarbeitet und Verständnisfragen gemeinsam geklärt. Dazu wird der Schnittkreis ebenfalls an der Tafel illustriert, so dass den Kindern deutlich wird, auf welche Art und Weise sie zusammen arbeiten sollen. Der Arbeitsauftrag legt auch die Rolleneinteilung fest. Es wird im fortlaufenden Wechsel diktiert und geschrieben.

1. Partner A fängt an und diktiert den ersten Satz.

2. Partner B schreibt diesen Satz sauber und richtig in seinem Kreis auf.

3. Jetzt diktiert Partner B den nächsten Satz und Partner A schreibt diesen in seinem Kreis auf usw.

4. Denkt daran: Ihr diktiert deutlich und langsam. Schaut euch gegenseitig an und ermuntert euch.*

5. Kontrolliert zusammen und korrigiert die Fehler. Ihr solltet dabei beide in den Text schauen.

Diese Anmerkung kann an der Tafel auch mit passenden Symbolen/Zeichnungen dargestellt werden.

6. Tauscht die Texte aus und diktiert euch erneut den Text auf die gleiche Art und Weise. Schreibt diesen Text in die Mitte des Schnittkreises.

7. Kontrolliert nun wie viele Fehler ihr jetzt habt. Lobt euch gegenseitig.

Übungsphase im Team

Für die Partnerarbeit erhalten die Schüler ein Blatt mit der Vorlage „Schnittkreis" (vgl. Bochmann/Kirchmann 2006) und einen Übungstext. Dabei kann der Text von der Lehrperson so aufgeschrieben sein, dass sowohl Partner A als auch Partner B ein eigenes Textblatt bekommen, auf dem jeweils nur die Sätze stehen, die auch nur von dem jeweiligen Partner diktiert werden. Dies hat den Vorteil, dass die Kinder genau wissen, welchen Teil sie diktieren und welchen sie schreiben müssen. Anschließend werden die Texte getauscht und auch dann ist den Kindern klar, dass sie nun jeweils den anderen Teil diktieren bzw. schreiben müssen.

Zudem besteht hier auch alternativ die Möglichkeit, dass der Partner A erst seinen Teil ganz diktiert, während Partner B die ganze Zeit nur schreibt. Erst dann werden die Rollen getauscht (also nicht nach jedem Satz). Dies führt dazu, dass der schreibende Partner sich zunächst nur auf das Schreiben konzentrieren kann. Der Lehrer kann abhängig von seiner Einschätzung der Schülerfähigkeiten selbst entscheiden, welche Variante für seine Schüler sinnvoller ist.

Der „Schnittkreis" ist eine Strukturierungshilfe für die Partnerarbeit. Die Zusammenarbeit der Schüler soll sich grundsätzlich in einem Dreischrittverfahren entfalten (vgl. Bochmann/Kirchmann in Praxis Deutsch 205, 2007, S. 13):

◆ Partner A diktiert, Partner B schreibt in den Kreisabschnitt, welcher unmittelbar vor ihm liegt

◆ Partner B diktiert, Partner A schreibt ebenfalls in seinen Kreisabschnitt

◆ Letztlich wird der gesamte Text noch einmal diktiert und von beiden Partnern in die Mitte des Schnittkreises geschrieben

Selbstevaluation der Partnerarbeit – Team-Check

Nachdem die Schüler das Diktat in Partnerarbeit geübt haben, erfolgt die gemeinsame Evaluationsphase. Diese führen die Kinder weiterhin in der Partnerarbeit selbstständig durch. Dazu erhalten sie einen „Team-Check-Bogen" mit mehreren Fragen, die sie zunächst besprechen und dann gemeinsam beantworten.

Tabellarische Übersicht zum Verlauf der Stunde

Unterrichtsphasen	Situations- und Handlungsabfolge	Material/Medien
Einstieg/ Initiationsphase **7 min**	◆ Begrüßung ◆ Teambildung	◆ 1x1-Karten (Aufgaben und Ergebnisse)
Aufgabenstellung/ Orientierungsphase **8 min**	◆ Vorstellung ◆ der Stundenziele/-vorhaben; Ziel- und Ablauftransparenz ◆ Lehrer stellt mit Hilfe der Schüler den Arbeitsauftrag vor; die Methode „Schnittkreis" wird für das Üben des Diktates erklärt ◆ Der Austeildienst teilt die Blätter mit der Vorlage „Schnittkreis" an die Paare aus	◆ Tafelbild ◆ Symbolkarten ◆ Schnittkreis
Partnerarbeit/ Transformationsphase **ca. 25 min**	◆ Partner diktieren, schreiben im Wechsel und korrigieren das Diktat mittels des Schnittkreises und der Diktatvorlage	◆ Schnittkreis ◆ Diktattexte ◆ Schreib- und Korrekturstifte, evtl. Wörterbuch
Reflexion **5 min** **Insgesamt: 45 min**	◆ Jedes Paar führt die Selbstevaluation mittels des vorgegebenen Team-Check-Bogens durch ◆ Die Schüler formulieren Ziele für die nächste gemeinsame Partnerarbeit.	◆ Team-Check-Bogen

Wie hilfreich waren wir für einander?

1. Wir schauten uns beim Diktieren an. ☺ ☹

2. Wir hörten uns aufmerksam zu. ☺ ☹

3. Wir diktierten verständlich und langsam. ☺ ☹

4. Wenn wir etwas nicht verstanden, wiederholten wir es noch einmal deutlich und langsam. ☺ ☹

5. Wenn wir einen Fehler bei dem anderen entdeckten, gaben wir uns gegenseitig einen Tipp. ☺ ☹

6. Wir machten uns gegenseitig Mut beim Schreiben. ☺ ☹

7. Wir sprachen uns mit unseren Namen an. ☺ ☹

8. Wir waren beide am lesbaren und fehlerfreien Schreiben interessiert. ☺ ☹

9. Beim zweiten Durchgang haben wir beide weniger Fehler gemacht als beim ersten. ☺ ☹

10. Wir können beide jetzt das Diktat viel sicherer und fehlerfreier schreiben. ☺ ☹

Unser Ziel für die nächste Zusammenarbeit ist:

_____

_____

_____

8. Unser Mini-Wörterbuch

Lernwörter besprechen und mit dem Wörterbuch überprüfen

Nach einer Unterrichtsidee von Lisa Kreuels

Intentionen

Die Schüler haben sich im Rahmen einer Unterrichtsreihe mit dem Aufbau und dem Nutzen eines Wörterbuches bereits beschäftigt. Dabei haben sie sich auf vielfältige Weise mit dem ABC als Ordnungsschema auseinandergesetzt und ihre Lernwörter entsprechend sortiert. Bereits seit Beginn des zweiten Schuljahres wurde kontinuierlich ein klassenbezogenes Mini-Wörterbuch entwickelt, das die Schüler allmählich auf den Gebrauch eines „echten" Wörterbuches vorbereiten soll, denn diese sind für Schreibanfänger wegen ihres Umfanges und ihrer Komplexität oft wenig geeignet. Im Lernbereich Rechtschreibung ist nach Abschluss des Leselernprozesses die Erarbeitung von Rechtschreibstrategien eine zentrale Aufgabe. Die Hinführung der Schüler zu mehr Selbstständigkeit und die Entwicklung von orthographischen und morphematischen Einsichten in die deutsche Rechtschreibung sind Lernprozesse, für deren Erreichung die Schüler zur Erarbeitung von Rechtschreibregelungen geeignete Hilfen zur Selbsthilfe und von Lernpartnern benötigen. Dies kann am besten unterstützt werden, indem die Schüler erfahrungsorientiert Rechtschreibschwierigkeiten entdecken, erste Regelungen oder Lösungsstrategien eigenständig entwickeln und so allmählich zu einer vermehrten Aufmerksamkeit für die normgerechte Schreibung und einer Sensibilität gegenüber Rechtschreibschwierigkeiten gelangen.

In dieser Unterrichtsstunde üben die Schüler in Teamarbeit das Schreiben aus der Vorstellung als Partnerdiktat und entwickeln innerhalb eines Rechtschreibgesprächs Lösungen für erkannte rechtschreibschwierige Wörter. Als Hilfsmittel benutzen sie dazu das in der Klasse vorhandene Mini-Wörterbuch und vertiefen ihre Erfahrungen mit dessen Gebrauch.

Das Rechtschreibgespräch über schwierig zu schreibende Wörter, die keine regelmäßige Laut-Buchstaben-Beziehung besitzen, also nicht mehr mit vertrauten phonematischen Strategien lösbar sind, steht dabei im Mittelpunkt der Teamarbeit. Im Vierer-Team diktieren sich die Schüler gegenseitig einen Übungstext, markieren rechtschreibschwierige Wörter und schlagen nur die Wörter im Wörterbuch nach, deren Schreibweise sie nicht selbst durch das Teamgespräch überzeugend klären können. Abschließend stellt jedes Team ein schwierig zu schreibendes Wort dem Klassenplenum vor und schildert die vom Team erarbeitete Lösungsstrategie. Während der Arbeit im Team sind die Schüler völlig auf sich selbst gestellt. Außer dem Mini-Wörterbuch stehen ihnen keine weiteren Hilfen zur Verfügung. Sie müssen gemeinsam ihre bereits erworbenen Rechtschreiberfahrungen aktivieren und im Rahmen des Rechtschreibgespräches zu begründeten Erklärungen für die richtige Schreibweise der Lernwörter gelangen.

Auch die Vorstellungsphase im Plenum stellt besondere Anforderungen an die Schüler. Denn sie müssen die von ihnen entwickelte Lösungsstrategie für die richtige Schreibung eines ausgewähltes Wort so verbalisieren, dass es für alle Schüler verständlich wird.

Fachliche Ziele

◆ Einen Übungstext als Partnerdiktat im Team durchführen

◆ Rechtschreibschwierige Wörter markieren

◆ Fehler selbstständig entdecken

◆ Von der eindeutigen Laut-Buchstaben-Beziehung abweichende Schreibungen erkennen

◆ Im Rechtschreibgespräch Erklärungen und Lösungsstrategien für schwierige Wörter entwickeln

◆ Fertigkeit des Nachschlagens im Mini-Wörterbuch erweitern und festigen

◆ Entwickelte Lösungen vorstellen und für andere verständlich formulieren

Methodische Ziele

◆ Die Teamarbeit reflektieren und bewerten (Drei-Finger-Reflexion)

◆ Durch die Teamarbeit kooperative Arbeitsweisen erweitern und intensivieren

◆ Anderen aktiv zuhören

◆ Die eigenen Ideen im Rechtschreibgespräch äußern und vertreten.

◆ Ein Partnerdiktat im Team sachgerecht durchführen

◆ Teamergebnisse im Plenum vorstellen und begründen

Soziale Ziele

◆ Anregungen und Tipps vom Teampartner annehmen und umsetzen.

◆ Anderen Schülern individuelle Lernunterstützung geben

◆ Jeden Schüler als Teampartner akzeptieren

◆ Als Gesprächsteilnehmer Klassenregeln beachten (Plakat in der Klasse).

◆ Sich im gegenseitigen Zuhören üben und sich über das Gehörte oder über Geschriebenes fair austauschen.

◆ Die Meinung anderer wahrnehmen und gelten lassen.

◆ Eine Rolle innerhalb der Gruppenarbeit einnehmen.

Aspekte von Kooperativem Lernen

Positive Abhängigkeit

Methodisch steht die Entwicklung einer positiven Abhängigkeit innerhalb einer heterogenen Gruppe im Vordergrund. Sie entsteht im Sinne des Kooperativen Lernens durch die geplante Förderung folgender Aspekte:

◆ Die Schüler/Innen verfolgen ein gemeinsames Ziel: das fehlerfreie Verschriften des Partnerdiktats und das Lösen von Rechtschreibproblemen im Team. Auch die Präsentationsaufgabe (vor dem Plenum die Schreibweise eines schwierigen Wortes erklären) verbindet die Schüler auf der Zielebene

◆ Die Reihenfolge der Arbeitsschritte ist genau festgelegt. Die Team-Mitglieder sind alle in den Arbeitsprozess gleichmäßig eingebunden. Jeder soll bereits vor Beginn der Teamarbeit wissen, was er für das gemeinsame Ziel zu tun hat

◆ Die Ressourcen aller Gruppen sind beschränkt auf die zur Verfügung gestellten Lernmittel (Diktattext, Mini-Wörterbuch, Rollenkarten)

◆ Jeder Schüler hat eine fest zugeteilte Rolle, die zu Beginn der Stunde nach dem Zufallsprinzip verteilt werden (Berichterstatter, Materialmanager, Zeitmanager. Fehlermanager)

◆ Als Außenkraft wirkt die Zeitvorgabe für die einzelnen Arbeitsphasen

◆ Die Lernumgebung wird vorab geklärt. Die Schüler sitzen in Vierer-Gruppen an Einzeltischen und besitzen einen möglichst guten Blick auf alle Lernmaterialien

Individuelle Verantwortung

Jeder Schüler soll sich verantwortlich fühlen für das Erreichen des gemeinsamen Ziels. Er soll sich dafür einsetzen, dass alle Team-Mitglieder diese Übungssituation nutzen, um den Text mit möglichst wenigen Fehlern aus der Vorstellung zu schreiben.

Gruppenevaluation

Die Gruppenevaluation soll den Schülern die Erkenntnis bringen, wie wichtig es ist, sich als Team die Arbeit zu teilen und die Zusammenarbeit gegenseitig leicht zu machen. Nur wenn die Schüler sich auf verschiedene Partner einlassen können und lernen, Verbesserungen oder Tipps anzunehmen, können sie die Aufgabe erfolgreich erfüllen.

Soziales Lernen

Unter dem Gesichtspunkt des sozialen Lernens sollen die Schüler die Erfahrung machen, dass die Übungsphase des Partnerdiktates dazu führen soll, dass durch eine entsprechende Lernunterstützung jedes Team-Mitglied letztlich weniger Fehler beim Schreiben des Textes macht. Sie erkennen, dass man im Team beim Lernen nicht Konkurrent, sondern Partner ist.

Direkte Interaktion

Eine direkte und günstige Möglichkeit zur Interaktion entsteht durch das allen zur Verfügung stehende Lernmaterial und die Arbeit an einem Einzeltisch. Je näher die Schüler zusammen sitzen, umso leichter fällt ihnen auch das gemeinsame Gespräch. Auch der Geräuschpegel während der Teamarbeit wird so sinken und die Arbeit aller nicht beeinträchtigen.

Tipps für die Unterrichtsdurchführung

Teambildung und Identitätsfindung

Schon beim Betreten der Klasse zieht jeder Schüler aus einem bereit gestellten Karton eine Symbolkarte. Anhand dieser Karten finden sich die Kinder in verschiedenen Teams. Die Gruppen einigen sich zunächst auf einen Team-Arbeitsplatz. Die Gruppeneinteilung per Zufall ist bewusst gewählt, damit nicht immer die gleichen Kinder in einer Gruppe zusammenarbeiten und sie somit lernen, auch mit Kindern zu arbeiten, die sie sich vielleicht nicht selber ausgesucht hätten. Andererseits erleichtert man zunehmend den Kindern die Gruppenfindung, die derzeit in der Klasse Integrationsprobleme haben und noch nicht uneingeschränkt anerkannt werden.

Für die Entwicklung der Teamidentität ist als erste Aufgabe eine zeitlich wenig aufwändige Contact-Activity sinnvoll. Eine interessante und freudvolle Aufgabenstellung, die noch nichts mit dem Lerninhalt der Unterrichtsstunde zu tun hat, hilft den Team-Mitgliedern einen ersten Kontakt zueinander zu finden und unterstützt das Entstehen eines Wir-Gefühls.

Aufgabenstellung und Rolleneinteilung

Die Lehrerin erarbeitet zunächst mit den Kindern die Ziel- und Ablauftransparenz der heutigen Stunde. Es gibt den Schülern Sicherheit zu wissen, was von ihnen in dieser Unterrichtsstunde erwartet wird und worauf sie sich einstellen sollen. Anschließend werden allen Team-Mitgliedern unterschiedliche Rollen zugeteilt. Dies geschieht mit vorbereiteten Rollenkarten nach dem Zufallsprinzip (Jedes Team-Mitglied zieht seine verdeckte Rollenkarte selbst). Die Schüler sollen auf diese Weise erfahren, dass jeder im Team in der Lage ist, im Laufe der Zeit jede zugeteilte Rolle angemessen erfüllen zu können.

Im Anschluss an die Gruppenbildung sollte der Lehrer die Aufgabenstellung mit den Schülern erarbeiten. Visuelle Hilfen durch Symbolkarten an der Tafel können für die Schüler eine sinnvolle Konkretisierung sein. Die Schüler diktieren sich abwechselnd und gegenseitig einen Text (entstanden aus der Unterrichtsarbeit) und markieren darin fünf rechtschreibschwierige Wörter. Sie versuchen gemeinsam für die richtige Schreibung eine Erklärung zu finden. Als Hilfe können sie ihr Mini-Wörterbuch benutzen. Eines dieser Wörter und die entsprechende Rechtschreiberklärung stellt der Berichterstatter jeder Gruppe der ganzen Klasse vor.

Besonderen Wert sollt man auch auf die Klärung des genauen Arbeitsablaufs im Team legen. Am besten spielt ein Team der Klasse in der Form einer kurzen Simulation die richtige Zusammenarbeit im Team vor.

Texterarbeitungsphase im Team

Zunächst zieht jeweils ein Schüler eine Satzkarte (Der Übungstext liegt den Kindern in Satzstreifen in einem Briefumschlag vor). Danach wird dieser Satz von dem Schüler den anderen Team-Mitgliedern diktiert und von diesen aufgeschrieben. Natürlich schreibt auch das vorlesende Kind den Satz auf. Es kann entscheiden, ob es dies aus der Vorstellung tut oder lieber Teile davon abschreibt. Danach ist ein anderes Kind der Vorleser und der Ablauf wiederholt sich solange bis alle Sätze bearbeitet worden sind. Nachdem jedes Gruppenmitglied einen Satz diktiert hat, werden gemeinsam fünf schwierige Wörter des Textes markiert und zunächst auf Karteikarten geschrieben. Diese werden in die Mitte des Tisches gelegt, damit alle eine gute Sicht haben.

Nun versuchen die Schüler im Team die richtige Schreibweise der schwierigen Wörter zu erklären. Es entwickelt sich ein Rechtschreibgespräch, in das jeder Schüler seine Rechtschreiberfahrungen einbringen kann. Die noch „ungelösten" Wörter, für die keine Erklärung gefunden werden konnte, werden für eine spätere Klärung auf eine Karteikarte geschrieben. Ein Wort, für dessen Schreibweise man eine einleuchtende Erklärung gefunden zu haben glaubt, wird für die Vorstellung im Plenum gemeinsam ausgewählt.

Vorstellung der Ergebnisse und ihre Reflexion

Nach der Arbeitsphase erhält jedes Team vor der Klasse die Möglichkeit, sein ausgewähltes rechtschreibschwieriges Wörter vorzustellen und dessen richtige Schreibung den anderen Schülern zu erklären. Diese Aufgabe übernimmt der Schüler mit der Rolle des Berichterstatters. Die zuhörenden Schüler dürfen dazu Fragen stellen oder auch eigene Ideen zur Erklärung der Schreibweise als Vorschlag einbringen. Die von jedem Team notierten „ungelösten" Wörter werden an der Tafel gesammelt und können Gegenstand für zukünftige Übungsstunden sein.

Als Alternative kann man auch die Gruppen so aufteilen, dass immer zwei Gruppen zusammen finden (z.B. durch ein Rotationsverfahren) und sich gegenseitig ihr Ergebnis vorstellen. Auf diese Weise gibt man der Vorstellungsphase eine noch stärkere Schülerorientierung.

Abschließen sollte die Stunde mit der Würdigung und Bewertung der geleisteten Arbeit im Team. Es hat sich als sinnvoll erwiesen, für diese Reflexionsphase Leitfragen zu formulieren, die sich auf das inhaltliche, das methodische und auf das soziale Lernen der Schüler beziehen.

Mögliche Leitfragen zum inhaltlichen Lernen:

„Habt ihr viele Rechtschreiberklärungen gefunden?"

„Wie ist euch das gelungen?"

Mögliche Leitfragen zum methodischen Lernen:

„Habt ihr das Partnerdiktat wie vereinbart durchgeführt?"

„Habt ihr den Berichterstatter beim Üben des Vortrags unterstützt?"

Mögliche Leitfragen zum sozialen Lernen:

„Habt ihr euch in der Gruppe gut verstanden?"

„Habt ihr eure Rollen für das Team eingenommen?"

Mit der Methode „Drei-Finger-Reflexion" können alle Schüler ihre Meinung zu den Leitfragen sichtbar machen. Bei der Nachfrage des Lehrers zu den Gründen sollte er sich insbesondere auf gelungene Aspekte konzentrieren und mit den Schülern herausarbeiten, warum man letztlich erfolgreich gearbeitet hat. Vor allem gute Beispiele sind sinnvolle Orientierungen gerade für die Schüler, die noch den einen oder anderen Lernbedarf haben. In allen Reflexionsphasen hat es sich als günstig erwiesen, das Gespräch mit den Schülern nicht durch zu viele Fragen zu überfrachten. Oft reicht für die unterschiedlichen Lernebenen jeweils eine Leitfrage aus.

Literaturempfehlungen:

Bartnitzky, Horst: *Sprachunterricht heute. Sprachdidaktik, Unterrichtsbeispiele, Planungsmodelle. Berlin: Cornelsen, 2006. 6. Auflage.*

Bartnitzky, Horst und Christiani, Reinhold (Hrsg.): *Berufseinstieg Grundschule. Leitfaden für Studium und Vorbereitungsdienst. Berlin: Cornelsen, 2005. 4. Auflage.*

Bochmann, Reinhard und Kirchmann, Ruth: *Kooperatives Lernen in der Grundschule. Zusammen arbeiten - Aktive Kinder lernen mehr. Essen: Deutsche Schule Verlagsgesellschaft mbH, 2006.*

Leuchtenstern, Regina: *So läuft Ihr Deutschunterricht: der Ratgeber von A bis Z für den Deutschunterricht in der Grundschule. München: Oldenbourg, 1999.*

Menzel, Wolfgang und Sandfuchs, Uwe: *Arbeiten mit dem Wörterbuch. Westermann Verlag. Praxis Grundschule Heft 5/September 1999.*

Ministerium für Schule, Jugend und Kinder des Landes Nordrhein-Westfalen (Hrsg.): *Deutsch- Grundschule, Richtlinien und Lehrpläne. Frechen: Ritterbach Verlag 2003.*

Regelein, Silvia: *So läuft Ihr Unterricht: der Ratgeber von A bis Z für den Deutschunterricht in der Grundschule. München: Oldenbourg, 1997.*

Zeller, Martin: *Die Wörterbuch-Werkstatt. Mülheim an der Ruhr: Verlag an der Ruhr, 2000*

Phase	Geplantes Unterrichtsgeschehen	Sozial-form	Medien/ Material	Didaktisch-methodi-scher Kommentar
Gruppen-einteilung	Die Kinder ziehen vor dem Betre-ten des Raumes Symbolkarten und gruppieren sich somit in verschie-dene Teams.		◆ Symbolkarten	◆ Gruppenfindung nach dem Zufallsprinzip
Einstieg	◆ Begrüßung	◆ Plenum		
Hinführung/ Initiation	◆ Zieltransparenz ◆ Arbeitsauftrag ◆ Rollenverteilung	◆ Plenum	◆ Plakat, Symbolkarten, Tafel, Rollen-karten	◆ Schüler erhalten einen genauen Überblick über den Verlauf der Arbeit
Erarbeitung (ca. 20 Min.)	Schritt 1: Jeweils ein Kind zieht eine Satzkarte. Schritt 2: Das Kind diktiert den anderen Kindern aus der Gruppe die-sen Satz (Schritt 1 und 2 werden solange wiederholt, bis jedes Kind aus der Gruppe einmal an der Reihe war). Schritt 3: Die Kinder markieren „schwierige" Wörter und schreiben diese auf Karteikarten. Schritt 4: Innerhalb der Gruppe tauschen sich die Kinder über die „schwierigen" Wörter aus. Recht-schreibprobleme werden an dieser Stelle durch das Wissen anderer Kin-der gelöst. Schritt 5: Die übrig gebliebenen Wörter werden im Wörterbuch nachgeschlagen. Schritt 6: Evtl. Korrektur der Wörter auf den Karteikarten Schritt 7: Die Gruppe entscheidet sich für ein „schwieriges" Wort aus dem Rechtschreibgespräch und schreibt dieses für die Vorstellungs-phase auf eine Karteikarte und erar-beitet eine verständliche Recht-schreiberklärung für die Klasse Sollte noch Zeit vorhanden sein, können die Kinder die Schritte 1 bis 6 mit weiteren Satzkarten wiederholen.	◆ 4er-Gruppen	◆ Satzkarten, Hefte, Stifte-Karteikarten, weitere Satz-karten	◆ Die Lehrkraft ist Beobachter bzw. Berater während der Teamarbeit. ◆ Die Kinder erkennen Wörter, bei denen sie Probleme bezüglich der Rechtschreibung haben. ◆ Die Kinder erfahren, dass einige Schreib-weisen erklärbar sind. ◆ Ungelöste Recht-schreibprobleme kann man mit dem Mini-Wörterbuch klären.
Vorstellung und Reflexion (ca. 15 Min.) Variante 1	◆ Die Berichterstatter stellen das rechtschreibschwierige Wort ihres Teams vor und präsentieren die erarbeitete Erklärung des Teams. ◆ Schüler würdigen und bewerten ihre Arbeit mit Hilfe der Leitfragen.	◆ Plenum	◆ Tafel ◆ Karteikarten	◆ (Hand-aufs-Herz) Drei-Finger-Reflexion

9. Die roten Schuhe

Märchen lesen und erzählen

Nach einer Unterrichtsidee von Ludmilla Keller

Intentionen

Das fachdidaktisch zentrale Ziel in diesem Unterrichtsbeispiel ist, dass die Schüler Methoden erwerben, anhand welcher sie gemeinsam in Teamarbeit ein Märchen erlesen und Verständnisschwierigkeiten im Team überwinden können (vgl. Bochmann/Kirchmann in Praxis Deutsch 205, 2007, S. 13). Hier erfahren sie, wie wichtig es ist, wenn sich alle gegenseitig unterstützen und Verantwortung für das gemeinsame Ziel übernehmen. In diesem arbeitsteiligen Verfahren wird das gesamte Märchen nach dem Prinzip „Reziprokes Lesen" (Brüning/Saum, 2007) von allen Schülern erschlossen. Dazu erarbeitet jedes Team nur einen Märchenausschnitt. Im nächsten Schritt wird das Ergebnis im Plenum vorgestellt, so dass das gesamte Märchen sukzessiv von allen Teams erfasst wird, obwohl jedes Team in der Arbeitsphase einen anderen Ausschnitt gelesen hat.

Diese Unterrichteinheit liefert einen interessanten Beitrag, wie man die Entwicklung der Lesekompetenz durch kooperative Lernstrategien entwickeln kann. Dies wird erreicht durch die Reduktion der Leseanforderung für den einzelnen Schüler und die gleichzeitige Vertiefung des Leseverstehens durch eine kontinuierliche und geordnete Lernunterstützung. Unterstützt wird dieser Lernprozess durch das Verfahren des reziproken Lesens und durch verschiedene graphische Visualisierungen, die Verstehensergebnisse und Verstehensprobleme für die Schüler sichtbar werden lassen.

Die Schüler erarbeiten sich in Teams arbeitsteilig Abschnitte eines Märchens, durchlaufen einen strukturierten Prozess der Sinnerfassung und stellen ihr Sinnverständnis durch einen Vortrag vor. Abschließend evaluieren sie ihren Arbeits- und Kooperationsprozess mit Hilfe von Leitfragen.

Mit der Unterstützung durch verschiedene Aufgabenkarten erarbeiten sich die Schüler eine kooperative Strategie für die Textrezeption:

Schrittweises Erlesen von Sinnabschnitten

Zusammenfassen des Gelesenen mit eigenen Worten

Fragen zum gelesen Text stellen und beantworten

Antizipieren des noch unbekannten Textinhaltes

Insgesamt stellt diese Unterrichtseinheit bereits hohe Anforderungen an die Kooperationsfähigkeit der Schüler. Man sollte sie erst dann ausprobieren, wenn die Schüler wesentliche kooperative Arbeitsweisen bereits gut beherrschen. Denn die komplexe inhaltliche und methodische Aufgabenstellung erfordert zum Gelingen einige Grundlagen. Wie alle in diesem Buch vorgestellten Unterrichtsbeispiele soll auch dieses exemplarisch sein für ein optimales Zusammenspiel verschiedener kooperativer Methoden. Es ist jedoch durchaus möglich, zunächst einzelne Elemente und Methoden in einer konventionell geplanten Unterrichtsstunde auszuprobieren.

Abhängig von der Methoden- und Sozialkompetenz der Lerngruppe lässt sich dieses Unterrichtsbeispiel in einer Doppelstunde durchführen. Möglich ist jedoch auch, die Einheit aufzuteilen. So könnte man in der ersten Stunde die Märchenauszüge nur lesen lassen und sicherstellen, dass alle Team-Mitglieder den Text verstanden haben. In der zweiten Stunde lässt man die Schüler Lernplakate zu ihrem Text anfertigen. In der letzten Stunde werden die Ergebnisse vorgestellt und mittels Leitfragen konstruktiv beurteilt. Danach findet die Selbstevaluation der Teams statt.

Fachliche Ziele

◆ Einen Arbeitsauftrag verstehen und ausführen

◆ Den Märchenauszug genau lesen und verstehen

◆ Schlüsselwörter markieren

◆ Die Fähigkeit üben zu antizipieren

◆ Worterklärungen und Team-Mitglieder zum Textverständnis nutzen

◆ Durch Zusammenfassen des Textes das eigene Verständnis verbalisieren

◆ Aktiv zuhören und gezielt nachfragen

◆ Stichwörter für einen Vortrag formulieren

◆ Ideen anderer zum Textverständnis annehmen und nutzen

◆ Eigene Ideen vorstellen und begründen

◆ Gemeinsam einen Vortrag halten

◆ Konstruktive Kritik äußern

Methodische Ziele

◆ Zufallsbedingte Teambildung akzeptieren

◆ Mit allen Schülern effektiv zusammen arbeiten können

◆ Die Methode des Reziproken Lesens kennen lernen

◆ Arbeitsverfahren gemäß der Rolleneinteilung einhalten

◆ Ein gemeinsames Arbeitsziel erreichen

◆ Einen Vortrag planen und präsentieren

Soziale Ziele

◆ Sich auf das Team einlassen

◆ Einander zuhören und helfen

◆ Die Vorschläge der Team-Mitglieder akzeptieren, loben und verbessern

◆ Probleme der Zusammenarbeit erkennen und artikulieren

◆ Gemeinsam Lösungen finden

◆ Ergebnisse eigener Arbeit einschätzen und anderen vorstellen

◆ Andere Teams bei der Präsentation ihrer Ergebnisse respektieren

◆ Sich während der Arbeit an vereinbarte Regeln des leisen und zügigen Arbeitens halten

Aspekte von Kooperativem Lernen

Auch in dieser Unterrichtseinheit findet man wesentliche Basiselemente des Kooperativen Lernens. Sie machen den Unterschied aus zwischen strukturierter und geordneter Teamarbeit und konventioneller Gruppenarbeit. Durch ihren Einsatz erreichen wir einen Kooperations- und Kommunikationsprozess, der von Anfang an sachorientiert verlaufen kann. Die Erfahrungen mit kooperativem Unterricht haben gezeigt, dass man die positiven Effekte der einzelnen Elemente, die eine Positive Abhängigkeit zwischen den Team-Mitgliedern aufbauen, nicht unterschätzen sollte. Ihre sorgfältige Planung sollte im Kooperativen Lernen ein fester Bestandteil der Unterrichtsplanung sein. Diese insgesamt neun Aspekte der Positiven Abhängigkeit entwickeln sich durch Teamarbeit nicht einfach von selbst. Der Lehrer muss durch entsprechende methodische Maßnahmen diese Elemente in den Kooperationsprozess der Schüler einbringen (Johnson/ Johnson 1992).

Positive Abhängigkeit

◆ **Gemeinsames Ziel** (Lesen, Verstehen und Präsentieren eines Märchenauszuges)

◆ **Belohnung** (Sternchen für das leise und produktive Arbeiten und Punkte für die Erfüllung der Vorstellungskriterien während der abschließenden Reflexionsphase)

◆ **Außenkraft** (die Zeitvorgabe: Für das Lesen des Textes und die Erstellung des Plakates hat das Team insgesamt etwa 45 Minuten Zeit zur Verfügung)

◆ **Reihenfolge** (der genau formulierte Arbeitsauftrag an der Tafel legt die Reihenfolge und das Zusammenwirken der einzelnen Team-Mitglieder genau fest:

1. Lesen des Märchens
   Die zur Verfügung stehenden Lesekarten legen die Reihenfolge fest:
   Vorlesen, Zusammenfassen, Frage stellen und Prognose entwickeln.

2. Erstellen des Plakats
   Hier gibt es verschiedene Rollen für die einzelnen Team-Mitglieder, die den inneren Ablauf des Arbeitsprozesses steuern.

3. Vorstellen der Teamergebnisse
   Die Reihenfolge ist durch den chronologischen Ablauf des Märchens vorgegeben. Die Teams stellen ihr Plakat nacheinander vor, so dass am Ende das gesamte Märchen von allen Schülern erschlossen wird, ohne es ganz gelesen zu haben.

◆ **Umgebung**
Vier, maximal fünf Schüler sitzen an einem Arbeitstisch

◆ **Rollen**
Für jedes Team-MMitglied gibt es eine zusätzliche Rolle während des Arbeitsprozesses (Schreiber, Rechtschreibmanager, Zeitmanager und Materialmanager)

◆ **Identität**
Die Gruppen geben sich beliebige Teamnamen

◆ **Ressourcen**
Jedes Team erhält den gleichen Satz Arbeitsmaterialien (Kopie des Märchenabschnitts für alle Team-Mitglieder, Vorlesekarten, Liste mit Worterklärungen, Plakat für den Vortrag, Rollenkarten, Stifte, Wörterbuch)

Individuelle Verantwortung

Die klare Rollen- und Aufgabenverteilung unterstützt und fördert die individuelle Verantwortlichkeit des Einzelnen für das ganze Team. Denn jedes Teammitglied soll das gemeinsame Ergebnis vorstellen können und ist somit an der Erfüllung der Vorstellungskriterien interessiert.

Gruppenevaluation

Die Kriterien für die abschließende Reflexion des Teamergebnisses sind den Schülern bereits vor Arbeitsantritt bekannt.

Soziales Lernen

Die Schüler sollen lernen, sich auf die anderen Team-Mitglieder einzulassen. Sie tragen durch Zuhören, Helfen, Ermuntern, Verbessern dazu bei, dass alle den Text verstehen und in der Lage sind, diesen den anderen Teams vorzustellen. Dabei üben sie verantwortungsbewusst ihre Rollen aus.

Direkte Interaktion

Den einzelnen Teams wird für ihre Zusammenarbeit nur ein Tisch zur Verfügung gestellt, um die Bedingungen für eine direkte face-to-face-interaction zu erleichtern. So sitzen die Schüler eng zusammen und haben keine große räumliche Distanz während des Gesprächs zu überwinden. Dies wirkt sich im Übrigen sehr positiv auf den allgemeinen Lärmpegel während der Gruppenarbeit aus. Sitzen die Schüler eng zusammen, müssen sie nicht laut miteinander reden, um sich verständlich zu machen. Das übliche Verfahren, Schüler während der Gruppenarbeit an Vierer- oder sogar an Sechsertischen arbeiten zu lassen ist für die direkte Interaktion eher kontraproduktiv und oft die Quelle für Störungen, die in der Regel die Schüler nicht zu verantworten haben.

Tipps für die Unterrichtsdurchführung

Teambildung und Identitätsfindung

Als Einstieg in die Unterrichtsstunde erfolgt ein Bewegungsspiel (Atomspiel) mit musikalischer Begleitung, das der zufälligen Gruppenbildung dienen soll. Die Kinder laufen/tanzen zur Musik. Bei einem Musikstopp finden sie sich schnell in die vom Lehrer angezeigten Anzahl zusammen. Es ist sinnvoll, wenn man dabei Zahlenkarten einsetzt. Nach mehreren Durchgängen zeigt die Lehrkraft die Karte mit der Zahl „Vier" und die Schüler finden sich zu viert und setzen sich zusammen an einen beliebigen Arbeitstisch. Abhängig von der Klassengröße können die Kinder auch zu dritt oder zu fünft an diesem Thema zusammen arbeiten. Setzt man solche Verfahren der zufälligen Teambildung häufiger ein, entwickeln die Schüler zunehmend eine größere Akzeptanz gegenüber allen Mitschülern und erkennen diese als gleichwertige Arbeitspartner an (Green/Green, 2005).

Die erste Aufgabe der Teams besteht in der gemeinsamen Namensfindung, was die Identitätsfindung der Gruppe unterstützen soll. Die Schüler bekommen etwas Zeit, um sich gemeinsam auf einen Namen zu einigen. Hier sind ihrer Fantasie keine Grenzen gesetzt. Sie können sich Tier oder Pflanzennamen, aber auch zum unterrichtlichen Kontext passende Teamnamen ausdenken (innerhalb dieser Märcheneinheit etwa die Namen von bekannten Märchenfiguren).

Die Namen der einzelnen Teams werden an der Tafel notiert. Man kann für die spätere Präsentation der Teamergebnisse gemäß den Vorstellungskriterien Punkte oder Sternchen vergeben. Am Ende der Zusammenarbeit kann das Team mit den meisten Sternchen und Punkten belohnt werden (mit Applaus, freie Märchen-Lesezeit oder einem kleinen Sachpreis).

Aufgabenstellung und Rolleneinteilung

Jede Gruppe erhält zunächst die Aufgabe, den ihr zugeteilten Märchenauszug gemeinsam nach dem Prinzip des „Reziproken Lesens" zu lesen und dafür Sorge zu tragen, dass alle Team-Mitglieder den Text verstanden haben. Die Lehrerin sollte bereits hier darauf hinweisen, dass anschließend ein Lernplakat als Vorlage für den Vortrag erstellt werden soll. Dazu werden folgende Rollen zugewiesen:

◆ Schreiber (übernimmt alle Schreibaufgaben für das Team)

◆ Rechtschreibmanager (achtet auf die richtige Schreibung, korrigiert und hilft durch Buchstabieren oder schlägt im Wörterbuch nach)

◆ Materialmanager (besorgt das Material: Plakat, Stifte, Wörterbuch, Texte)

◆ Zeitmanager (achtet auf zügiges Arbeiten, so dass das Team in der vorgegeben Zeit fertig wird)

Für die Erstellung des Plakats, aber auch für die kommende Vorstellung der Teamergebnisse sollte die Lehrkraft an dieser Stelle Beurteilungskriterien vorstellen, anhand welcher in der Reflexionsphase die Ergebnisse beurteilt werden. Dadurch können alle Teams zielorientiert den Arbeitsauftrag angehen.

Der Arbeitsauftrag sollte an der Tafel aufgeschrieben und mit Symbolkarten illustriert sein:

„Lest gemeinsam den Märchenausschnitt mit den Vorlesekarten. Jedes Kind liest immer nur einen Abschnitt.

Gebt im Uhrzeigersinn die Karten solange weiter, bis ihr alle den Text gelesen und verstanden habt.

Klärt gemeinsam Wörter, die ihr nicht versteht. Nutzt dazu auch die Liste mit Worterklärungen.

Erstellt ein Plakat mit Stichwörtern für einen Vortrag und übt ihn.

Haltet den Vortrag gemeinsam vor der Klasse."

Zieltransparenz:

„Ihr sollt für eure Mitschüler einen Vortrag planen, damit sie euren Teil des Märchens verstehen.

Das Plakat soll euch dabei helfen, den Vortrag interessant zu machen, um den Zuhörern das Verstehen zu erleichtern.

Was ist besonders wichtig an eurem Teil des Märchens? Wer sind die wichtigen Personen?"

Leitfragen für die Reflexionsphase:

◆ Waren alle Kinder am Vortrag beteiligt?

◆ Ist das Vortragsplakat übersichtlich und gut lesbar?

◆ War der Vortrag verständlich?

◆ Habt ihr noch Tipps zur Verbesserung?

Texterarbeitungsphase im Team

Für die Teamarbeit erhalten die Schüler jeweils einen Ausschnitt aus dem Märchen „Die roten Schuhe" (frei erzählt nach dem Märchen von Hans Christian Andersen, adaptiert von Eduard José von 1988, deutsche Ausgabe, 1992), welchen sie gemeinsam nach dem Prinzip „Lesezirkel" erlesen, auf einem Lernplakat darstellen und Kriterien beachtend vorstellen sollen (Brüning/Saum, 2007).

◆ Das gesamte Märchen wird von der Lehrkraft vor der Stunde in sechs sinnvolle Textabschnitte geteilt (für jedes Team in einen Abschnitt, insgesamt also sechs Gruppen á vier Schüler)

◆ Der von jedem Team zu lesende Märchenabschnitt wird dann noch einmal von der Lehrkraft in vier weitere sichtbare Sinnabschnitte eingeteilt.

◆ Die Teams bekommen zusätzlich folgende Karten für ihre Zusammenarbeit:

Vorlesen/Zusammenfassen

Fragen/Vermuten

◆ Nun wird der erste Abschnitt im Team still gelesen (jedes Kind besitzt eine Textkopie), dabei kann auch markiert und Sinn und Verständnisfragen können geklärt werden. Gemäß der verteilten Arbeitskarten erarbeitet sich das Team die einzelnen Abschnitte seines Textes:

◆ Der Vorleser beginnt mit dem halblauten Vorlesen des ersten Abschnitts.

◆ Der Schüler mit der Karte „Zusammenfassen" fasst den vorgelesenen Abschnitt mit eigenen Worten zusammen

◆ Der Schüler mit der Karte „Fragen" stellt eine oder mehrere Fragen zu dem Abschnitt, die alle Gruppenmitglieder mit Fingermeldung beantworten können

◆ Das vierte Teammitglied mit der Karte „Vermuten" macht einen Vorschlag, wie das Märchen weitergehen könnte

◆ Anschließend werden die Karten im Uhrzeigersinn weitergereicht, so dass am Ende jedes Kind alle Kartenaufgaben einmal bewältigen muss

◆ Nach der Texterarbeitung erstellt das Team für den Vortrag ein Stichwörterplakat zu seinem Märchenabschnitt. Dazu erhält der Materialmanager ein vorbereitetes Arbeitsblatt

◆ In einem letzten Schritt üben die Schüler den Vortrag mittels des fertig gestellten Plakats

◆ Die Team-Mitglieder einigen sich dann, wer welchen Abschnitt vor der Klasse präsentiert

Vorstellung der Ergebnisse und ihre Reflexion

Es ist sinnvoll, dass die Teams ihre Arbeitsergebnisse in der inhaltlichen Reihenfolge des Märchens vorstellen, so dass die Zuhörer sich das gesamte Märchen Schritt für Schritt, der inhaltlichen Chronologie folgend, erschließen können.

Jedes Team erhält eine Karte mit einer Leitfrage, um nach dem Vortrag seine Meinung gezielt äußern zu können. So unterstützt man in der Reflexionsphase bei den Schülern eine Haltung des aktiven Zuhörens.

Am Ende eines Vortrags erhalten die Zuhörerteams 30 Sekunden Zeit, sich gemeinsam bezüglich der ihnen zugewiesenen Frage zu beraten und abzustimmen. („Ich finde, das Plakat war übersichtlich." „Ja, das stimmt. Sie haben groß und leserlich geschrieben.")

Bei allen Rückmeldungen sollten die Schüler angeregt werden, ihre Meinung zum Vortrag auch zu begründen. („Ihr habt verständlich vorgestellt, weil wir jetzt verstanden haben, warum Karen, also das Mädchen in dem Märchen, bestraft wurde, ..." oder „Ihr habt undeutlich erzählt, wir haben nicht verstanden, warum Karen die roten Schuhe nicht mehr ausziehen konnte, ..." usw.)

Abschließend kann man mit Hilfe der Methode „Drei-Finger-Reflexion" noch auf verschiedene Aspekte der Arbeit in den Teams eingehen. Dabei sollte man darauf achten, nur solche Fragen zu stellen, die eine Verstärkung positiven Verhaltens bewirken.

◆ Was hat in euerem Team bei der Einhaltung der Rollen gut geklappt?

(„Christian war Rechtschreibaufpasser, er hat einige Rechtschreibfehler gesehen. Aber wir haben ihm auch noch dabei geholfen.")

◆ Was habt ihr heute in der Zusammenarbeit gelernt?

(„Wir haben gelernt, leiser zu arbeiten. Beim nächsten Mal werden wir Arslan noch mehr helfen, damit er noch besser mitarbeiten kann und alles versteht.")

Tabellarische Übersicht zum Verlauf der Stunde

Unterrichtsphasen	Situations- und Handlungsabfolge	Material/Medien
Einstieg/ Initiationsphase 10 min	◆ Begrüßung ◆ Vorstellung des Märchenbuches ◆ Bewegungsspiel zur Teambildung	◆ Märchen ◆ Musik ◆ Atomspiel
Aufgabenstellung/ Orientierungsphase 10 min	◆ Vorstellung ◆ der Stundenziele/-vorhaben Ziel- und Ablauftransparenz ◆ Lehrer stellt mit Hilfe der Schüler den Arbeitsauftrag, das Reziproke Lesen, die Erstellung eines Lernplakates und die Präsentation vor. ◆ Lehrer weist auf die Kriterien hin, die am Ende der Stunde überprüft werden. ◆ Der Austeildienst teilt Märchenauszüge und Lesekarten für das Reziproke Lesen aus	◆ Tafelbild, Textkopien (Märchenauszüge), Lesekarten, Plakate ◆ Kriterien für die Arbeit und anschließende Vorstellung ◆ Märchenauszüge, Lesekarten, Liste mit Worterklärungen
Teamarbeit/ Transformationsphase ca. 45 min	◆ Teams lesen das Märchen nach dem Prinzip Lesezirkel ◆ Sie erstellen im nächsten Schritt ein Lernplakat, anschließend üben sie den Vortrag	◆ Märchenabschnitte, Lesekarten, ◆ Liste mit Worterklärungen ◆ Lernplakate, Stifte, Wörterbuch
Vorbereitungsphase für die Reflexion 5 min	◆ Lehrer verteilt die bereits vorgestellten Beurteilungskriterien für die Vorträge an die Zuhörerteams	◆ Karten mit Beurteilungskriterien
Reflexion 20 min **Insgesamt: 90 min**	◆ Nach und nach trägt jedes Team sein Ergebnis vor. ◆ Die Zuhörerteams äußern sich nacheinander zu ihren Kriterien. ◆ Die Vorsteller-Teams reflektieren mittels gestellter Fragen ihre Zusammenarbeit	◆ Lernplakate ◆ Beurteilungskriterien ◆ Selbstreflexionsfragen

10. Was wir schon alles wissen

Steckbriefe für Haustiere planen

Nach einer Unterrichtsidee von Karolina Wysocki

Intentionen

Die hier beschriebene Unterrichtsstunde ist die Einstiegsstunde in eine Unterrichtsreihe, in der ein Klassentierlexikon zu Haustieren erstellt werden soll. Zu Beginn ist es wichtig, das bereits vorhandene Wissen der Schüler über den Inhalt des anstehenden Lernprozesses zu aktivieren und in Teamarbeit zusammen zu tragen. Dafür bietet sich die „Graffiti-Methode" besonders gut an, da ihr Ablauf auch für Schüler, die gerade erst mit dem Kooperativen Lernen starten, sehr einfach durchzuführen ist:

Im Klassenraum werden einige Tische mit großen Papierbögen versehen, auf dem jeweils ein anderes Oberthema (Haustier, z.B. Hund) zu finden ist. Die Schüler werden themenbezogen in Kleingruppen (in dieser Stunde sind es Dreiergruppen) eingeteilt und beginnen in einer bestimmten Zeit, ihr Vorwissen, das sie zu einem bestimmten Haustier haben, auf den vorgesehenen Papierbögen aufzuschreiben. Jede Gruppe startet an einem anderen Tisch und zu einem anderen Thema. Auf ein akustisches Signal hin rotiert dann jede Gruppe zum nächsten Tisch, um dort zu einem weiteren Haustier alle Informationen zu notieren. Dieses Vorgehen wird so lange wiederholt, bis jede Gruppe an ihrem ursprünglichen Tisch wieder angekommen ist. Anschließend liest jede Gruppe die zu ihrem Thema auf dem Papierbogen zusammengetragenen Informationen und ordnet sie passenden Unterthemen wie z.B. Aussehen, Lebensweise und Nahrung zu. Mehrfach genannte Informationen werden auf dem Bogen gestrichen und widersprüchliche Aussagen mit einem Fragezeichen versehen. Die gesammelten Informationen werden danach mit Hilfe eines Sachtextes überprüft und gegebenenfalls ergänzt, so dass dann abschließend alle Informationen für die Planung und Erstellung des Steckbriefes für jedes Team vorhanden sind.

Ziel dieser Unterrichtsreihe ist, mit Hilfe der erarbeiteten Informationen, strukturierte und gut lesbare Steckbriefe zu einer Vielzahl einheimischer Haustiere zu erstellen. Im Vorfeld ist bereits geklärt worden, dass ein Steckbrief eher kurz abgefasst sein und nur die wichtigsten Merkmale eines Tieres beinhalten soll. Bei Haustieren sind das insbesondere Aussehen, Körperbau und Größe. Weitere Angaben können zu dem Lebensraum, der Nahrung und den besonderen Lebensweisen der Tiere erstellt werden. Auf diese Weise werden die Schüler arbeitsteilig und teamorientiert an die Planung und das Schreiben eines nicht-kontinuierlichen, informativen Textes herangeführt.

Fachliche Ziele

◆ Bereits vorhandenes Fachwissen aktivieren und aufschreiben

◆ Sachbezogen formulieren

◆ Formklar und leserlich schreiben (Texte für Leser)

◆ Neu gewonnene Informationen sortieren und selektieren

◆ Informationen auf Richtigkeit in einem Sachtext überprüfen

Methodische Ziele

◆ Die Bedeutung von Symbolkarten für den Unterrichtsverlauf verstehen

◆ Themenorientiertes Puzzlespiel als zufällige Gruppenfindungs-Methode durchführen

◆ „Graffiti-Methode" zur Aktivierung des Vorwissens kennen lernen

◆ Arbeitsteilung gemäß der Rollenverteilung einhalten

Soziale Ziele

◆ Sich auf die Zusammenarbeit mit zufälligen Partnern einlassen

◆ Sich gegenseitig unterstützen und helfen

◆ Sich an vereinbarte Regeln halten

◆ Beim Schreiben Rücksicht auf andere nehmen

◆ Sich gegenseitig loben können

Aspekte von Kooperativem Lernen

Positive Abhängigkeit

Von den neun Elementen, die die Teamarbeit fördern können, sind in dieser Unterrichtsreihe folgende Aspekte besonders berücksichtigt worden:

◆ Gemeinsames Ziel (Erstellen eines Steckbriefes für ein Haustierlexikon)

◆ Lernmaterial (ein großer Papierbogen pro Gruppe, Sachtext)

◆ Rollen (Nachforscher, Schreiber, Illustrator)

◆ Außenkraft (die Zeitvorgabe und die Verpflichtung, einen brauchbaren Beitrag zum Haustierlexikon der Klasse zu liefern)

◆ Lernumgebung (die Schüler sitzen an Gruppentischen mit der Möglichkeit beim Sprechen ungehindert Blickkontakt aufnehmen zu können)

Individuelle Verantwortung

Es gibt während der Teamarbeit durch die Rollenzuteilung eine klare Aufgabenverteilung, die den Einzelnen in eine Verantwortungsposition gegenüber dem Team und dem Teamergebnis bringt. Dennoch soll jeder bei seiner individuellen Aufgabenerfüllung auf die Lernunterstützung des Teams vertrauen können.

Gruppenevaluation

Die Betrachtung und Bewertung der Teamarbeit geschieht mit der „Drei-Finger-Methode". Dabei liegt der Schwerpunkt auf einem Reflexionsgespräch innerhalb des Teams und der Entwicklung eines Konsenses für die Bewertung der gemeinsam geleisteten Arbeit.

Soziales Lernen

Die Schüler lernen während des Schreibprozesses, Rücksicht auf andere zu nehmen, so dass jeder Schüler die Möglichkeit hat, seine Ideen auf dem Poster niederzuschreiben. Um am Ende der Stunde ein erfolgreiches Ergebnis zu präsentieren, ist das Einhalten der Rollenverteilung innerhalb der Gruppe sowie die gegenseitige Hilfe und Unterstützung ein wichtiger Bestandteil, der gelernt werden muss.

Direkte Interaktion

Die Schüler tauschen ihr Wissen in schriftlicher Form aus. Dies ist eine stille Kommunikationsform, die jedem Schüler eine ruhige Atmosphäre bietet, indem er über sein bereits vorhandenes Wissen nachdenken kann. Die anschließende Phase des Sortierens und Prüfens findet an Gruppentischen statt. Der gemeinsame Blickkontakt und die räumliche Nähe zum Partner sollen das Auftreten von Kommunikationsstörungen mindern und die gegenseitige Unterstützung erleichtern.

Tipps für die Unterrichtsdurchführung

Teambildung, Identitätsbildung und Zieltransparenz

Die Klärung des Ablaufs der Stunde erfolgt mit Symbolkarten und allen benötigten Lernmaterialien für die Teamarbeit, die gut sichtbar an der Tafel präsentiert sind. Die visuelle Unterstützung soll dazu beitragen, dass die Schüler den Ablauf der Stunde mit geringer Unterstützung des Lehrers weitgehend selbstständig klären können und besser nachvollziehen, weshalb sie heute an dem bestimmten Thema und mit den gewählten Methoden arbeiten.

Die Teambildung erfolgte zu Beginn der Reihe nach dem Zufallsprinzip. Die Schüler erhalten ein Puzzlestück, auf dem ein Haustier zu sehen ist. Die Schüler müssen daraufhin ihre Partner finden und das Puzzle zusammenstellen. Das abgebildete Tier zeigt ihnen gleichzeitig an, an welchem Gruppentisch sie arbeiten werden. Diese Puzzlespiele lassen sich sehr leicht selber anfertigen, indem z.B. eine Haustierpostkarte in drei Teile zerschnitten wird.

Zu Beginn dieser Unterrichtsstunde erfolgt das Aktivieren des Vorwissens mit der Graffiti-Methode. Das Material für diese Methode besteht aus einem Flipchart-Bogen, der auf jedem Gruppentisch vorzufinden ist. Dabei ist jeder Gruppentisch einem anderen Haustier zugeordnet. Diese Zuordnung können die Schüler an den Visualisierungen auf den Gruppentischen bzw. auf dem Flipchart-Bogen leicht erkennen. Die Schüler bewegen sich auf ein akustisches Signal hin von einem Tisch zum nächsten und schreiben alle Informationen über das jeweilige Tier auf, die sie bereits als Vorwissen mitbringen. Diese Phase erfolgt zum größten Teil nonverbal. Es soll den Schülern die Ruhe und die Zeit bieten, über bereits vorhandenes Wissen nachzudenken und dieses wieder zu aktualisieren.

Aufgabenstellung und Rolleneinteilung

Nachdem sich die Schüler wieder an ihrem ursprünglichen Arbeitstisch mit ihrem Stamm-Team eingefunden haben, erfolgt die Rollenverteilung. Dadurch ist jedes Kind für eine besondere, zusätzliche Aufgabe innerhalb der Gruppe verantwortlich. In dieser Stunde gibt es die Rollen „Nachforscher", „Schreiber", „Maler". Die besondere Organisation dieser Unterrichtsstunde besteht darin, dass die Gruppe als Dreier-Team arbeitet und letztlich ein gemeinsames Ergebnis liefert.

Die Schüler erhalten den Arbeitsauftrag, die erhaltenen Informationen zu Unterthemen zu sortieren und durch Erlesen des ihnen zugeteilten Sachtextes den sachliche Informationsgehalt zu überprüfen. Der Sinn der Rollenverteilung besteht darin, dass jeder Schüler zusätzlich eine verantwortungsvolle Aufgabe für das Team übernimmt und sie gemeinsam als Gruppe zu einem Erfolg versprechenden Ergebnis gelangen können.

Um allen Schülern diese Form der Zusammenarbeit deutlich zu machen, ist es sinnvoll, durch ein Dreier-Team den Arbeitsablauf vor der Klasse in Form einer kurzen Simulation demonstrieren zu lassen.

Ordnen und Sortieren der Informationen

Der Schreiber besorgt einen zusätzlichen Papierbogen für sein Team. Gemeinsam werden alle Informationen der Schüler gelesen und passende Unterthemen dazu gefunden. Das Lesen und das Vorschlagen eines Unterthemas sollte reihum erfolgen, damit gesichert ist, dass auch jeder Schüler beteiligt ist und seinen Beitrag leisten kann. Hat ein Kind Schwierigkeiten, etwas zu erlesen oder ein Unterthema zu finden, unterstützt und hilft ihm die Gruppe. Für das Finden von Unterthemen und das Sortieren der Informationen wird den Schülern ein Zeitrahmen von ca. 15 Minuten vorgegeben, den sie mit Hilfe einer Uhr, die an der Tafelwand hängt, selbstständig überprüfen können.

Sollten einige Teams früher mit dem Lesen und dem Sortieren der Sachinformation fertig sein, können sie mit dem weiteren Auftrag, die Informationen auf ihre Richtigkeit hin zu überprüfen und leserlich auf ein leeres DIN A4-Blatt zu übertragen, fortfahren. Allerdings kann diese Phase durchaus noch eine weitere Stunde in Anspruch nehmen.

Vorstellung der Ergebnisse und ihre Reflexion

Die zu Beginn der Stunde vorgegebenen Reflexionskriterien dienen als Leifragen für ein Teamgespräch:

„Warum ist die Graffiti-Methode für den Einstieg in unser Projekt sinnvoll?"

„Was habt ihr für die Einhaltung der Rollen alles gemacht?"

Da die „Graffiti-Methode" neu eingeführt wurde, sollen die Schüler über die Vorteile der Methode reflektieren und eine Einsicht erhalten, warum sie in dieser Form gearbeitet haben. Diese Sensibilisierung ist sinnvoll, um das Methoden-Repertoire der Schüler zu erweitern, zu festigen und seine Bedeutung für das eigene Lernen verständlich zu machen.

Die Schüler besprechen als Team diese beiden Fragen und einigen sich auf ein gemeinsames Ergebnis. Während eines kurzen Gesprächs im Plenum werden die wichtigsten Vorteile der neuen Methode auf Karteikarten notiert und an der Tafel visualisiert. Äußerungen wie „Jeder konnte zu jedem Tier aufschreiben was er weiß" oder „Ich habe gemerkt, dass ich viel mehr über Hunde weiß als über Hamster", zeigen dem Lehrer, dass sich die Schüler Gedanken gemacht haben und die Methode auch in Zukunft gerne anwenden werden. In einem zweiten Schritt sollen sie ihre Arbeit innerhalb der Gruppe bewerten. Auch dabei soll eine einvernehmliche Meinung innerhalb des Teams gefunden werden. Mit der „Drei-Finger-Methode" soll die Zusammenarbeit des Teams und die Einhaltung der Rollen in der Gruppe sichtbar gemacht werden. Drei Finger bedeuten „Es hat sehr gut funktioniert". Zwei Finger drücken aus, dass vieles schon geklappt hat, aber es noch kleine Probleme gab. Ein Finger bedeutet, dass das Team noch nicht ganz zufrieden war. Der Schreiber erhält die Aufgabe, die Fingeranzahl der Teammeinung zu notieren und auf ein Zeichen des Lehrers hoch zu halten. Danach sollte ein Austausch im Plenum erfolgen, in dem geklärt werden kann, warum sich ein Team für drei bzw. einen Finger entschieden hat. Die Gruppen, die sich für einen Finger entschieden haben, sollten zunächst unbedingt für ihre Ehrlichkeit gelobt werden. Gruppen, bei denen es schon gut geklappt hat, können weniger erfolgreichen Gruppen Tipps geben, wie sie es beim nächsten Mal besser machen können. Denn die Erfahrung zeigt, dass konstruktive Tipps von Schülern nicht so schnell als Kritik angesehen werden und oft wirkungsvoller sind als Interventionen des Lehrers.

Literaturempfehlungen:

1. Bochmann R.; Kirchmann R.: Kooperatives Lernen in der Grundschule, Zusammenarbeiten - aktive Kinder lernen mehr. Essen: Neue Deutsche Schule Verlagsgesellschaft mbH, 2006

2. Ministerium für Schule, Jugend und Kinder des Landes Nordrhein-Westfalen (Hrsg.): Deutsch - Grundschule, Richtlinien und Lehrpläne. Frechen: Ritterbach Verlag, 2003.

Tabellarische Übersicht zum Verlauf der Stunde

Unterrichtsphasen	Situations- und Handlungsabfolge	Material/Medien
Einstieg/ Initiationsphase 5 min	◆ Begrüßung ◆ Erarbeitung des Verlaufs der Stunde ◆ Gruppeneinteilung	◆ Symbolkarten ◆ Puzzleteile
Aufgabenstellung I/ Orientierungsphase 10 min	◆ Präsentation der Graffiti-Methode ◆ Vorstellung der Lernmaterialien ◆ Erarbeitung der Graffiti-Methode/ Demonstration vor der Klasse ◆ Teams suchen ihren Arbeitsplatz auf.	◆ Flip-Chart Papier pro Gruppentisch
Teamarbeit/ Transformationsphase 15 min	◆ (Vorwissen aktivieren) ◆ Teams schreiben alle Informationen auf ◆ Tischwechsel nach akustischem Signal	
Aufgabenstellung II/ Orientierungsphase 10 min	◆ Rollenverteilung innerhalb der Teams ◆ Schüler beginnen mit dem Ordnen der Informationen und verarbeiten sie unter Berücksichtigung der Rollen	◆ Rollenkarten „Nachforscher", „Schreiber", „Illustrator"
Reflexion der Stunde 5 min	◆ Erarbeitung der Reflexion mit der Drei-Finger-Methode ◆ Teams beraten die Reflexionsfragen und finden einen Bewertungskonsens ◆ Schreiber zeigt die Team-Meinung mit entsprechender Fingerzahl ◆ Unterrichtsgespräch über die Gründe der Bewertung und Möglichkeiten der Optimierung	◆ Leitfragen für die Reflexion
Insgesamt: 45 min		

11. Ein unheimlicher Ausflug

Einen bebilderten Text nacherzählen

Nach einer Unterrichtsidee von Ludmilla Keller

Intentionen

In der vorhergehenden Unterrichtsstunde haben die Schüler in Partnerteams den Text erlesen und dabei die Schlüsselwörter der Geschichte bebildert. Die Partnerbildung geschah mit dem Verabredungskalender. Die Arbeitspartner hatten für ihre Zusammenarbeit eine klare Aufgabenverteilung:

1. Partner A liest den Text halblaut vor.

2. Partner B illustriert Schlüsselwörter auf einem Bilderblatt.

3. Partner A markiert die illustrierten Schlüsselwörter im Text.

4. Partner A und B erzählen die Geschichte mündlich anhand der Bilder und markierten Schlüsselwörter.

Auf diese Weise haben alle Schüler sich bereits ein Grundverständnis für den Text erarbeitet, was eine wichtige Voraussetzung für die weitere Unterrichtsarbeit darstellt.

Der Schwerpunkt in dieser Stunde liegt daher auf dem schriftlichen Nacherzählen des Textes anhand von Bildern. Diese Schreibaufgabe wird durch Vierer-Teams geleistet. Das organisierte und geordnete Zusammenwirken der Schüler ist dabei eine sehr wichtige Grundlage für ein erfolgreiches Gelingen. Es wird so gestaltet, dass jeder Schüler in den Arbeitsprozess einbezogen ist und die Mitarbeit jedes einzelnen Team-Mitglieds bei der Nacherzählung gebraucht wird. Alle Team-Mitglieder erhalten deshalb zusätzliche Rollen, die ihnen während der Teamarbeit besondere Aufgaben übertragen und dafür sorgen, dass jeder für sein Team Verantwortung übernimmt.

Anhand zugeloster Bilderkärtchen erzählen die Schüler im Team die Geschichte als Kettengeschichte zuerst mündlich nach. Durch das Zulosen der Bilder ist die Reihenfolge des Erzählens für die Kinder klar vorgegeben. Jedes Kind fühlt sich für das Gesamtresultat verantwortlich, indem es sich zu seinen zugeteilten Bildern möglichst in vollständigen Sätzen äußert und auch den anderen Team-Mitgliedern beim Formulieren Hilfestellung leistet.

Diese gegenseitige Lernunterstützung ist vor allem für die Kinder bedeutsam, deren Muttersprache nicht Deutsch ist. Durch die Bilder erhalten die Schüler zudem eine zusätzliche Hilfestellung und werden durch die Unterstützung des Teams zum freien Sprechen ermutigt.

Nachdem die Schüler die Geschichte im Team mündlich nacherzählt haben, sollen sie im nächsten Schritt in dem gleichen Team die Geschichte mit verteilten Rollen schriftlich reproduzieren. Die Schüler lernen für die Vorstellung ihres Teamergebnisses eine neue Methode des Kooperativen Lernens kennen, die man auch in zahlreichen anderen Unterrichtssituationen einsetzen kann: Rasender Reporter

Auch an dieser Unterrichtsstunde kann man deutlich erkennen, wie wichtig es ist, die drei Zielebenen des Kooperativen Lernens (fachliche, methodische und soziale Ziele) ganzheitlich zu planen und zu gestalten. Erst die geglückte Vernetzung des Lernens auf diesen Ebenen entwickelt bei den Schülern Leistungen, die transferfähig sind und die Grundlage bilden für nachhaltiges Lernen.

Fachliche Ziele

◆ Einen Arbeitsauftrag verstehen und ausführen

◆ Den Inhalt einer Geschichte erfassen

◆ Eine Geschichte anhand von Bildern in ganzen Sätzen mündlich nacherzählen

◆ Aktiv zuhören und Verständnisfragen stellen

◆ Vollständige Sätze für die Geschichte schriftlich formulieren

◆ Den chronologischen Aufbau einer Geschichte erfassen und schriftlich wiedergeben

◆ Eigene Ideen vorstellen und begründen

◆ Auf die Fehler/Schwierigkeiten anderer sensibel eingehen, ihnen sachgemäß helfen

Methodische Ziele

◆ In der vorgegebenen Reihenfolge eine Geschichte in Teamarbeit aufbauen

◆ Die zugeteilte Rollen gewissenhaft ausüben

◆ Alle vorgestellten Methoden verinnerlichen und gekonnt anwenden

◆ Sich im Team einigen

◆ Die zugeteilten Rollen verantwortlich ausfüllen

◆ Die vorgegebene Arbeitszeit einhalten

◆ Sich gegenseitig beraten, verbessern, um Hilfe bitten, loben, ermuntern

◆ Die Methode „Rasender Reporter" kennen lernen und durchführen

Soziale Ziele

◆ Sich auf das Team einlassen und Verantwortung übernehmen

◆ Einander zuhören, helfen, korrigieren, intervenieren, begründen

◆ Die Vorschläge der Team-Mitglieder akzeptieren, loben, verbessern

◆ Probleme der Zusammenarbeit erkennen und artikulieren

◆ Gemeinsam Lösungen finden

◆ Anderen Teams bei der Präsentation ihrer Ergebnisse mit Respekt begegnen

◆ Sich während der Teamarbeit an vereinbarte Regeln des leisen und zügigen Arbeitens halten

Aspekte von Kooperativem Lernen

Diese Unterrichtsstunde setzt bei den Schülern gewisse Grunderfahrungen mit den Methoden des Kooperativen Lernens voraus. Da die Arbeitsprozesse innerhalb der Teamarbeit klar und in der Reihenfolge des Zusammenarbeiten geklärt sind, kann man solche Situationen der kooperativen Textproduktion bereits nach einigen Wochen Eingewöhnungszeit erfolgreich durchführen.

Positive Abhängigkeit

Ziel (die Geschichte schriftlich so genau wie möglich nachzuerzahlen)

Belohnung (Sternchen oder Bonuspunkte für das leise und produktive Arbeiten)

Außenkraft (die Zeitvorgabe für die Teamarbeit)

Reihenfolge (die Reihenfolge, wer schreibt, korrigiert, lobt ermutigt, präsentiert, ist genau festgelegt)

Umgebung (drei bis maximal fünf Schüler sitzen an einem Tisch)

Rollen (Schreiber, Rechtschreibaufpasser, Satzbaukontrolleur, Reihenfolgemanager)

Identität (die Teams geben sich beliebige Namen, auch unabhängig vom Text, z.B. „Die wilden Kerle")

Lernmaterial (Text, Bildkarten zum Text, Linienblatt für das Aufschreiben der Geschichte, Rollenkarten, Wörterbuch)

Individuelle Verantwortung

Jeder formuliert Ideen/Sätze zu den Bildern der Geschichte. Zudem führt jeder seine ihm zugeteilte Aufgabe zuversichtlich aus, da diese in der Vorstellungsphase bewertet und reflektiert wird. Die Arbeit jedes einzelnen Schülers wird für das Teamergebnis gebraucht.

Gruppenevaluation

Durch die Methode „Rasender Reporter" erhält jedes Team durch die anderen Schüler eine Rückmeldung auf sein Arbeitsergebnis und Vorschläge zur Überarbeitung.

Soziales Lernen

Genaues Zuhören, einsichtiges Korrigieren, Nachfragen, Loben, Ermuntern, Helfen sind soziale Fähigkeiten, die das gemeinsamen Arbeiten erleichtern und dessen Ergebnis optimieren.

Direkte Interaktion

Es ist empfehlenswert, die Kinder an einem einzelnen Tisch zu viert arbeiten zu lassen. Durch die Nähe zu den Teampartnern wird den Schülern das ruhige und leise Sprechen erheblich erleichtert und die Lautstärke während der Teamarbeit reduziert. Zudem haben alle einen guten Überblick über die Arbeitsmaterialien.

Tipps für die Unterrichtsdurchführung

Teambildung und Identitätsfindung

Nachdem die Schüler in der vorherigen Unterrichtsstunde in Partnerarbeit den Text erarbeitet und ein Grundverständnis entwickelt haben, werden in dieser anschließenden Stunde Viererteams für die mündliche und schriftliche Textproduktion gebildet.

Für die Teambildung bieten sich zwei Möglichkeiten an:

1. Jedes bereits bestehende Paar findet mittels einer zufallsorientierten Teambildungsmethode ein anderes Paar: Zur Musik, durch Puzzlestücke, halbierte Postkarten, Singular-Plural-Zuordnungen (Wald-Wälder), Wortsilbenzuordnungen (Rüs-sel) etc.

2. Die bestehenden Paare lösen sich auf und die Teams setzen sich völlig neu zusammen. Auch hier kommt eine zufallsorientierte Teambildungsmethode zum Einsatz. Es werden z.B. Tierkarten ausgeteilt; alle Schafe, Hunde usw. bilden ein Team oder mithilfe von Zahlenkärtchen setzen sich alle Einser an den Tisch 1, alle Zweier an den Tisch 2, usw.

Abhängig von der Klassengröße können Kinder auch zu dritt arbeiten. Wenn zahlenmäßig nicht nur Vierer-Gruppen möglich sind, sollte man Dreier-Teams bevorzugen, da die Zusammenarbeit und die face-to-face-interaction dadurch gewährleistet bleibt. Man sollte unbedingt vermeiden, zu große Gruppen zu bilden. Die erste Aufgabe der Teams besteht in der Namensfindung, was der gemeinsamen Identitätsbildung der Gruppe dienen soll. Die Schüler bekommen etwas Zeit, sich auf einen Namen zu einigen. Die gefundenen Teamnamen werden an der Tafel festgehalten. Während der Arbeitsphase kann man für die leisesten und fleißigsten Teams Belohnungssternchen oder Bonuspunkte vergeben.

Aufgabenstellung und Rolleneinteilung

Die Gruppe erhält zunächst die Aufgabe, alle ausgeschnittenen Bilder an alle Team-Mitglieder zu verteilen. Es sind insgesamt zehn Gegenstände, die in der Geschichte vorkommen. Bei Vierer-Teams bekommen zwei Kinder je zwei Bilder und die anderen zwei jeweils drei. Die Verteilung der Bilder an die einzelnen Schüler geschieht ebenfalls zufällig. Um Konflikte zu vermeiden, kann man auch hier festlegen, welches Team-Mitglied die Bilder austeilen soll (z.B. das Kind mit dem hellsten Pullover).

Anschließend sollen die Kinder in der richtigen Reihenfolge die zuvor gelesene Geschichte als Kettengeschichte mithilfe der Bilder mündlich nacherzählen. Im ersten Schritt dürfen sie als Hilfsmittel das Text- und Bilderblatt benutzen. Im zweiten Schritt sollten sie nur noch auf das Bilderblatt zurückgreifen, um die richtige Reihenfolge des Erzählens zu gewährleisten. Zuletzt üben sie lediglich anhand der ihnen zugewiesenen Bilderkärtchen. Durch das Auslosen und Verteilen der Bilder ist die Reihenfolge des Nacherzählens für die Kinder vorgegeben.

Den einzelnen Team-Mitgliedern wird anhand der Methode „Numbered Heads" eine fachliche, methodische oder soziale Rolle im Sinne des Kooperativen Lernens zugewiesen.

◆ Der Schüler mit der Nummer 1 ist „Ermunterer". (Er motiviert die anderen Kinder, sich zu ihren Bildern laut, deutlich und sicher zu äußern und bestärkt sie in ihrer Leistung/ihrem Können, sorgt somit auch für das produktive Vorwärtskommen: „Klappt doch! Mach so weiter!")

◆ Der Schüler mit der Nummer 2 ist „Reihenfolgemanager" (Er ist für die Einhaltung der inhaltlichen Reihenfolge verantwortlich; spricht bei Bedarf die Kinder an, die ihren Einsatz verpassen: „Sandra, du bist jetzt dran, du hast doch das Bild mit dem Kissen.")

◆ Der Schüler mit der Nummer 3 ist der „Satzbaukontrolleur": (Er achtet darauf, dass die Team-Mitglieder in ganzen Sätzen die Geschichte nacherzählen: „Das ist noch kein Satz: ‚nimmt Taschenlampe.' Wer nimmt sie, was macht er mit der Taschenlampe?")

◆ Der Schüler mit der Nummer 4 ist „Beobachter" (Er ist für die Einhaltung des leisen Sprechens in der Gruppe verantwortlich: „Samed, du bist echt zu laut!")

Texterarbeitungsphase im Team

Vor Beginn der Texterarbeitungsphase ist es sinnvoll, mit den Schülern die Art und Weise der Zusammenarbeit noch einmal zu klären und den Zusammenhang zur Aufgabenstellung transparent zu machen. Insbesondere muss den Schülern klar werden, dass sie nun beim Aufschreiben ihrer Geschichte neue Rollen für die Teamarbeit erhalten:

Folgende neue Rollen werden den Team-Mitgliedern zugeteilt:

◆ Die Nummer 1 ist nun Schreiber (schreibt die Vorschläge der Team-Mitglieder zu den einzelnen Bildern auf)

◆ Die Nummer 2 ist jetzt Rechtschreibaufpasser (achtet auf Rechtschreibfehler, korrigiert sie, vermeidet sie durch Helfen/Buchstabieren, schlägt schwierige Wörter im Wörterbuch nach oder schaut im Text nach)

◆ Die Nummer 3 wird Satzbaukontrolleur (achtet darauf, dass die Kinder die Vorschläge zu den einzelnen Bildern in ganzen Sätzen äußern)

◆ Die Nummer 4 ist Reihenfolgemanager (achtet darauf, dass das Team die Geschichte in der richtigen Reihenfolge reproduziert)

Die Schüler sollen nun die Geschichte mithilfe der Bilder so genau wie möglich in ganzen Sätzen aufschreiben. Dazu bemüht sich jedes Team-Mitglied, seine Arbeitsrolle zuverlässig auszuüben, um seinen Anteil am Gruppenergebnis beizutragen. Die Lehrperson hat während dieser Phase die Möglichkeit, die Teams zu beobachten und darauf zu achten, dass alle Kinder an dem Teamprozess weitgehend gleichmäßig beteiligt sind. Sie kann bei Formulierungsschwierigkeiten oder beim Aufbau der Geschichte Hilfen geben.

Der Einstieg in die Arbeit erfolgt dadurch, dass der Reihenfolgemanager auf das erste Bild (Stern) zeigt, während die anderen ihre Ideen dazu äußern: z.B. „Nur ein Stern war am Himmel." Hier könnte der Reihenfolgemanager sich erneut einschalten und darauf hinweisen, dass Paul sich erst auf den Weg machte, bevor er diesen einen Stern bemerkte: „Nein, erst ging Paul raus, dann sah er den Stern am Himmel, so ist es doch in der Geschichte." „Ja, genau, schreib auf!"

Durch diese Art von Textgesprächen entsteht allmählich ein Verständnis für die Textproduktion, indem jedes Kind sich in der Lage fühlt, sich zu einem der Bilder zu äußern. Individuelle Verständnisprobleme oder Formulierungsschwierigkeiten können sofort überwunden werden, weil von den anderen Team-Mitgliedern eine entsprechende, individuelle Unterstützung gegeben ist.

In dieser Phase sollte man den Kindern erlauben, bei Bedarf auch die Textvorlage als Hilfe bei der Verschriftlichung zu nutzen, da sie punktuell nützliche Hinweise für den Satzbau und für die Rechtschreibung geben kann.

Vorstellung der Ergebnisse und ihre Reflexion

Für die Vorstellung des Teamergebnisses wird in dieser Unterrichtsstunde die Methode „One stray - three stay" (Rasender Reporter) in einer Doppelfunktion eingesetzt (Green/Green, 2005). Einerseits ist sie ein geeignetes Verfahren, um die Geschichte des Teams möglichst vielen anderen Teams vorstellen und Ergebnisse anderer Teams gleichzeitig kennen zu lernen. Andererseits kann sie als Verfahren der Reflexion der Teamarbeiten dienen. Denn alle Teams erhalten jeweils von den anderen Teams Rückmeldungen auf ihren Text.

Beim Verfahren „Rasender Reporter" bleiben drei Team-Mitglieder am Arbeitsplatz sitzen, während das vierte Mitglied, der Reporter, zum nächsten Team (am besten im Uhrzeigersinn) wechselt und dort die fertiggestellte Geschichte vorstellt. Die Aufgabe des Reporters sollte zunächst möglichst der Schreiber erhalten, weil er seine eigene Schrift am besten lesen kann.

Am Ende sollten die Zuhörer die vorgestellte Geschichte kriterienorientiert würdigen:

◆ Chronologischer Aufbau der Geschichte/Reihenfolge des Geschehens

◆ Verschriftlichung in ganzen, verständlichen Sätzen

◆ Korrekte Rechtschreibung

Die Lehrperson sollte mit den Schülern vereinbaren, dass man zunächst die gelungenen Aspekte der Texte rückmelden sollte, bevor man auch Tipps zur möglichen Überarbeitung empfiehlt. Gerade in den Reflexionsphasen des Kooperativen Lernens ist es im Sinne der Gemeinschaftsbildung wichtig, die Aufmerksamkeit der Schüler auf Gelungenes und Positives zu richten, um auch zwischen den Schülern das Mittel der Ermutigung als Lernhilfe stabil zu entwickeln.

Literaturempfehlung:

Bochmann, R./Kirchmann, R.: in Praxis Deutsch 205, 2007, S. 12ff.

Bochmann, R./Kirchmann, R.: Kooperatives Lernen in der Grundschule. Essen, 2006

Green, N./Green, K.: Kooperatives Lernen im Klassenraum und im Kollegium. Seelze-Velber, 2005

Klank, A./Kortmann, S.: Leseschritte2/3: Geschichten von Fabian. Oberursel, 2002

Phase/Methode	Situations- und Handlungsabfolge	Material/Medien
Einstieg 5 min	◆ Begrüßung, Ziel- und Ablauftransparenz	◆ Tafel ◆ Symbolkarten
Aufgabenstellung I **für die mündliche Nacherzählung** 8 min	Arbeitsauftrag für die mündliche Nacherzählung im Team (Erzählkette): Rollen: 1. Ermunterer 2. Satzbaukontrolleur 3. Reihenfolgemanager 4. Beobachter Kriterien für die Nacherzählung: ◆ Reihenfolge ◆ Inhaltliche Stimmigkeit ◆ Vollständige Sätze Teambildung: ◆ Ein Paar findet ein anderes Paar	Tafelbild: ◆ Rollen, Kriterien für die Arbeit und anschließende Vorstellung ◆ Bildkarten ◆ Puzzle-Bilder
Teamarbeit mit verteilten Rollen: Mündliche Nacherzählung 8 min	◆ Teams erzählen mit Hilfe der Bilderkarten die Geschichte als Kettengeschichte nach.	◆ Bilderkärtchen ◆ Textkopien
Aufgabenstellung II 5 min	Schriftliches Nacherzählen der Geschichte. Rollen: 1. Schreiber 2. Rechtschreibaufpasser 3. Satzbaukontrolleur 4. Reihefolgemanager Kriterien: ◆ Ganze Sätze ◆ Reihenfolge ◆ Rechtschreibung Klärung der Zusammenarbeit	◆ Tafel ◆ Rollenkarten ◆ Karten mit Kriterien
Teamarbeit mit verteilten Rollen: Schriftliche Nacherzählung 10 min	◆ Teams schreiben mit verteilten Rollen die Geschichte.	◆ Linienblatt ◆ Textvorlage ◆ Bilderkärtchen ◆ Wörterbuch
Vorstellung und Reflexion der Textproduktionen 5-10 min	◆ Methode Rasender Reporter ◆ Vorstellung der Ergebnisse ◆ Rückmeldung kriterienorientiert durch die anderen Teams	◆ Wechsel im Uhrzeigersinn ◆ Fertige Textproduktionen

12. Gemeinsam Geschichten schreiben in einer jahrgangsübergreifenden Klasse (1- 4)

Texte gemeinsam planen und schreiben
Nach einer Unterrichtsidee von Sandra Röder

Intentionen

In dieser Unterrichtsreihe steht für die Schüler einer jahrgangsgemischten Klasse (1-4) insbesondere die Erfahrung und Erprobung eines ganzheitlichen Schreibprozesses im Vordergrund. Dieser beinhaltet das Planen, Beraten, Überarbeiten und letztendlich das Präsentieren eines Textes. Die Schüler durchlaufen in der Unterrichtsreihe alle Phasen des Schreibprozesses, damit sie erfahren, dass gute Planung und insbesondere Gespräche mit Lernpartnern sowie direkte, teamgesteuerte Lernunterstützung zu guten und für Leser interessanten Texten führen können. Sie entwickeln zunächst Ideen für die Produktion eines fiktionalen Textes und erarbeiten sich dann in Teamarbeit exemplarisch die Struktur des ganzheitlichen Schreibprozesses sowie den Strukturaufbau eines fiktionalen Textes. Dies wird durch den Einsatz eines Geschichtenbauplans unterstützt, der den Schülern einen zielgerichteten Rahmen für das strukturelle Planen einer Geschichte gibt. Er beinhaltet folgende Bausteine:

1. „Wer kommt in unserer Geschichte vor?"

2. „Welche Beziehungen haben unsere ausgesuchten Personen zueinander?"

3. „Wo spielt unsere Geschichte?"

4. „Wann spielt unsere Geschichte?"

5. „Was erleben die Personen miteinander?"

Mit Stichwörtern können die Schüler ihre gemeinsamen Ideen und Vorschläge für ihre Geschichte auf dem Geschichtenbauplan festhalten. Durch den ständigen Austausch mit den Team-Mitgliedern reflektieren sie ihre formulierten Textideen, überarbeiten diese gegebenenfalls und erfahren dadurch schon erste Ansätze eines ganzheitlichen Schreibprozesses im Hinblick auf die gemeinsame Geschichte, die am Ende entstehen soll. In dieser Unterrichtsstunde wird mithilfe der Stichwörter am Ende der Unterrichtsreihe im Rahmen einer Schreibkette von jedem Team ein Text erstellt. Die Schüler lernen, dass das Formulieren von Stichwörtern bedeutsam für den Planungsprozess der Geschichte ist und ihnen für das Schreiben eines zusammenhängenden Textes hilfreich sein kann.

Durch die jahrgangsgemischte Lerngruppe (erstes bis viertes Schuljahr) müssen für diesen Lernprozess geeignete Lern- und Arbeitsformen gewählt werden, die jeden Schüler mit seinen entsprechenden Lernvoraussetzung berücksichtigen und den ganzheitlichen Schreibprozess erfahren lassen können. Insbesondere wird dies durch kooperative Lern- und Arbeitsformen ermöglicht. Während der Unterrichtsreihe sind die Schüler folglich in jahrgangsgemischte Teams eingeteilt, in denen alle Schüler entsprechend ihren Lernvoraussetzungen die Möglichkeit haben, im Austausch mit dem

Team am gesamten Schreibprozess teilzunehmen. Dies kann erreicht werden, indem jeder Schüler durch gezielte Rollenzuweisungen zur Erreichung des gemeinsamen Ziels beiträgt und in seiner Planungs- und Schreibkompetenz gefördert werden kann. Um die erwünschten Synergieeffekte in jahrgangsgemischten Klassen wirklich nutzen zu können, ist es ausnahmsweise ratsam, dass der Lehrer auf die Zusammensetzung der Gruppen und auf die Zuweisung der Rollen Einfluss nimmt. Jedem Schüler sollten innerhalb der Teamarbeit nur solche Aufgaben gestellt werden, die er aufgrund seiner Lernvoraussetzungen auch erfüllen kann. Trifft der Lehrer dabei günstige Entscheidungen, kann er die Vorteile einer Jahrgangsmischung zur Geltung bringen und das gegenseitige partnerschaftliche Lernen zwischen jungen und älteren Schülern sinnvoll entwickeln.

In dieser dargestellten Unterrichtsstunde liegt der Schwerpunkt darauf, aus den gemeinsam festgehaltenen Stichwörtern eine zusammenhängende Geschichte zu schreiben. Jeder Schüler des Teams muss einen Satz formulieren, der inhaltlich an den vorangehenden Satz anknüpft und zu der gemeinsam geplanten Geschichte inhaltlich und stilistisch passt. Die Schüler müssen folglich sinnvoll auf den vorab formulierten Satz eingehen können, ohne den inhaltlichen Gesamtaufbau der gemeinsam geplanten Geschichte aus den Augen zu verlieren. Dabei entwickeln alle Schüler zunehmend ein Gefühl für die Struktur einer Geschichte und lernen, stichwortartig geplante Elemente eines Textes auszuformulieren.

Insbesondere für die jüngeren Jahrgänge ist es wichtig, diese Erfahrungen in einem Team machen zu können, da sie weitaus weniger Vorerfahrungen mitbringen als die älteren Jahrgänge, die bereits über Kenntnisse des Aufbaus von Geschichten verfügen. Durch die jahrgangsheterogene Gruppenkonstellation können die jüngeren Jahrgänge von den älteren Jahrgängen profitieren und in ihrer Sachkompetenz gefördert werden.

Fachliche Ziele

◆ Stichwörter als Hilfe für den Schreibprozess nutzen

◆ Sätze für die Geschichte mündlich formulieren

◆ Mündlich ausformulierte Sätze aufschreiben

◆ Normgerecht und klar schreiben

◆ Sätze inhaltlich sinnvoll miteinander verknüpfen

◆ Den Strukturaufbau der geplanten Geschichte beim Schreiben beachten

Methodische Ziele

◆ Arbeitseinteilung gemäß der Rollenverteilung einhalten

◆ Die Reihenfolge während der Schreibkette beachten

◆ Rede- und Zuhörkarten als Hilfe für den Arbeitsprozess nutzen

◆ Die eigene Arbeit mit der „Drei-Finger-Methode" selbst einschätzen

Soziale Ziele

◆ Sich gegenseitig zuhören

◆ Sich gegenseitig unterstützen und helfen

◆ Hilfen positiv formulieren und annehmen

◆ Sich selbst und die Partner loben

Aspekte von Kooperativem Lernen

Positive Abhängigkeit

Methodisch steht in diesem Unterrichtsmodell vor allem die Entwicklung einer positiven Abhängigkeit in den jahrgangsgemischten Teams im Vordergrund. Gerade sehr heterogen zusammengesetzte Lernteams benötigen eine gute Planung und Realisierung der Elemente, die die Teamarbeit stärken können. Durch folgende Aspekte des Kooperativen Lernens kann dies in der Stunde realisiert werden:

◆ **Gemeinsames Ziel** (die gemeinsam ausformulierte Geschichte)

◆ **Beschränkte Ressourcen** (es gibt nur ein Arbeitsblatt für das Aufschreiben der Geschichte, einen gemeinsamer Geschichtenbauplan sowie die Stichwörter)

◆ **Festgelegte Rollenzuweisungen** (Schreiber – schreibt die mündlich formulierten Sätze der Geschichte auf, Leser – liest, wenn nötig, die bereits schriftlich festgehaltene Geschichte vor, Flüsterstimmenchef – ist für die Einhaltung einer angemessenen Lautstärke zuständig, Überprüfer – muss die mündlich formulierten Sätze überprüfen, ob sie inhaltlich zu der geplanten Geschichte passen)

◆ **Umgebung** (Die Schüler haben einen klar begrenzten Arbeitsplatz)

◆ **Reihenfolge** (Die Schüler müssen sich an die vorgegebene Reihenfolge des mündlichen Formulierens und des darauf folgenden Aufschreibens halten)

Individuelle Verantwortung

Die individuelle Verantwortlichkeit als Element des Kooperativen Lernens wird durch die Aufgabenverteilung innerhalb der Gruppen gewährleistet. Jedes Teammitglied trägt mit seiner Rolle zum gemeinsamen Erreichen des Ziels bei. Die älteren Schüler tragen eine besondere Verantwortung für die jüngeren. Die jüngeren Schüler dagegen bemühen sich darum, alle schon erworbenen Kenntnisse und Fertigkeiten beim Schreiben von Geschichten für das gemeinsame Ziel anzuwenden.

Gruppenevaluation

In der Unterrichtsreflexion werden die Aspekte der Zusammenarbeit zwischen älteren und jüngeren Schülern in den Blick genommen. Damit stehen die intendierten Lernprozesse auf der methodischen und sozialen Ebene im Mittelpunkt des gemeinsamen Nachdenkens und Bewertens. Der Inhaltsaspekt sollte besser in einer späteren Unterrichtsstunde Thema sein, wenn die verschiedenen Geschichten der Klasse präsentiert werden.

Soziales Lernen

Die Ziele des sozialen Lernens liegen im gegenseitigen Zuhören und der gegenseitigen Hilfestellung insbesondere für die jüngeren Jahrgänge, damit das gemeinsame Ziel erreicht werden kann. Die jüngeren Schüler im Team sollen dagegen lernen, dass sie die Hilfen der älteren nur dann in Anspruch nehmen sollten, wenn sie diese wirklich benötigen. Alles, was sie selbstständig leisten können, sollen sie aktiv in die Teamarbeit einbringen.

Direkte Interaktion

Die Schüler sitzen an einem Gruppentisch so nah wie möglich zueinander. Sie sorgen dafür, dass alle einen guten Blick auf die verwendeten Lernmaterialien haben. Wenn Schüler Verständnis- oder Formulierungsprobleme haben, können die Teampartner sofort und individuell entsprechende Hilfen geben. Auch die Beachtung einer für die Teamarbeit angemessene Lautstärke des Gesprächs in allen Gruppen, soll dazu beitragen, dass jedes Team ohne Störung durch andere sich verständigen kann.

Tipps für die Unterrichtsdurchführung

Aktivierung des Vorwissens

Einfinden in die gemeinsam geplante Geschichte

Die Schüler erhalten zunächst die Aufgabe, sich in ihre bereits bestehenden Teams mit dem ausgefüllten Geschichtenbauplan zusammenzufinden. Sie sollen die in den vorher durchgeführten Unterrichtsstunden gemeinsam geplante Geschichte für die anschließende Arbeitsphase nochmals besprechen und gegebenenfalls Fragen zum Inhalt und/oder Aufbau der Geschichte klären. Dies ist wichtig, damit jedes Team-Mitglied in der Lage ist, Sätze für die gemeinsame Geschichte mündlich zu formulieren, die inhaltlich sinnvoll an den Geschichtenbauplan anknüpfen.

Teambildung und Identitätsfindung

Wegen der besonderen Bedingungen der jahrgangsgemischten Klasse sollte der Lehrer Einfluss auf die Zusammensetzung der Teams nehmen. In jedem Team ist daher in der Regel je ein Schüler aus jedem Schuljahr vertreten. Dadurch ist gewährleistet, dass eine Vielfalt an unterschiedlichen Lernvoraussetzungen bei den Schülern positiv genutzt wird, um alle Vorkenntnisse und Fertigkeiten bei der Bewältigung der Teamaufgabe zur Geltung kommen zu lassen. Jüngere Schüler setzen ihre Schreiberfahrungen ein und ältere Schüler stellen ihren Informationsvorsprung partnerschaftlich zur Verfügung und geben den jüngeren die notwendige Lernunterstützung.

Aufgabenstellung und Rolleneinteilung

Die Teams erhalten anschließend den Arbeitsauftrag, die geplante Geschichte ausformuliert zu Papier zu bringen. Dafür wird den Teams folgende Reihenfolge für die Zusammenarbeit mit entsprechenden Rollenzuweisungen gegeben:

Nach einem von der Lehrerin vorgegebenen Kriterium wird das erste (beginnende) Teammitglied festgelegt (z. B. Das Kind mit der hellsten Haarfarbe im Team beginnt). Dieses Team-Mitglied hat die Aufgabe, den ersten Satz für die geplante Geschichte mündlich zu formulieren (z.B.: Es war einmal ein Bär, der ...). Der „Überprüfer" hat die Aufgabe, den Satz auf seine inhaltliche Richtigkeit anhand des Bauplans zu überprüfen. Wenn er zustimmt, schreibt der Schüler mit der Rolle des „Schreibers" den ersten Satz auf. Nun ist das nächste Team-Mitglied mit dem mündlichen Formulieren des folgenden Satzes an der Reihe. Dieser Satz bildet den zweiten Satz der Geschichte, der inhaltlich an den ersten Satz anknüpfen sollte. Nach dem gleichen Prinzip wird der Satz überprüft und aufgeschrieben. Die Team-Mitglieder fahren mit diesem Verfahren fort, bis die gemeinsam geplante Geschichte schriftlich ausformuliert wurde. In dieser ersten Phase werden die Schüler nochmals darauf hingewiesen, dass alle Sätze am Ende der Arbeit wie eine zusammenhängende Geschichte klingen sollen. Dies kann durch die Rolle des Lesers gewährleistet werden. Dieser hat die Aufgabe, die bereits aufgeschriebenen Sätze vor der nächsten Satzformulierung zusammenhängend vorzulesen, wenn dies von einem Team-Mitglied verlangt wird. Diese Leseprobe erleichtert es den Schülern, inhaltlich an den vorangegangenen Satz anzuknüpfen.

Insbesondere für das erste und zweite Schuljahr ist es aufgrund der noch wenigen Vorerfahrungen zum Aufbau einer Geschichte wichtig, dass der Arbeitsprozess zu Beginn einmal vor der ganzen Klasse mit einer ausgewählten Testgruppe simuliert wird. Die jüngeren Jahrgänge sollen verstehen, dass die mündliche Formulierung eines Satzes verschriftlicht werden soll. Es sollte ebenso von der Lehrerin deutlich gemacht werden, dass für das Formulieren eines Satzes der Geschichtenbauplan mit einbezogen wird. (z. B.: „Wir haben in dem Baustein „Personen" ‚Delfin, Bär und Roboter' geschrieben. Ich weiß, dass der Bär die Hauptperson ist und unsere Geschichte vor langer Zeit im Wald stattfand, also fange ich an und sage folgenden ersten Satz: Es war einmal ein Bär, der lebte vor langer, langer Zeit im Wald.") Die Lehrerin kann, während sie den ersten Satz formuliert, mit den Fingern gleichzeitig auf die entsprechenden Bausteine des Geschichtenbauplans zeigen, um dies nochmals zu verdeutlichen.

Nach der Simulation ordnet die Lehrerin den verschiedenen Jahrgängen entsprechend die unterschiedlichen Rollenzuweisungen zu und hält diese mit Symbolkarten an der Tafel fest.

1. Schuljahr: Flüsterstimmenchef

2. Schuljahr: Überprüfer

3. Schuljahr: Leser

4. Schuljahr: Schreiber

Wenn nicht jeder Jahrgang die gleiche Anzahl von Schülern hat, muss der Lehrer für solche Gruppen eine flexible Lösung, wie beispielsweise das Verteilen der Rollen nach dem Alter vorsehen.

155

Texterarbeitungsphase im Team

Verschriftlichungsprozess der gemeinsamen Geschichte

In jedem Team beginnt nun das von der Lehrerin festgelegte Team-Mitglied mit der mündlichen Formulierung des ersten Satzes der Geschichte, der von dem Überprüfer kontrolliert und vom Schreiber anschließend aufgeschrieben wird. Reihum werden die Sätze für die Geschichte mündlich formuliert, überprüft und aufgeschrieben. Damit die Team-Mitglieder sich während des Formulierens des Satzes nicht ins Wort fallen, hat jedes Team eine Rede- und drei Zuhörkarten. Die grüne Sprechblase (Redekarte) besitzt das Team-Mitglied, das den Satz formuliert, während die anderen Mitglieder ein rotes Ohr als Karte (Zuhörerkarte)in der Hand halten. Die Karten zeigen den Schülern, in welcher Rolle sie sich befinden: entweder der des Zuhörers oder des Sprechers. Der Sprecher darf von den anderen Mitgliedern nicht unterbrochen werden. Erst nachdem er seinen Satz formuliert hat, darf das Team eine Rückmeldung geben. In dieser Phase ist besonders wichtig, dass die Team-Mitglieder sich gegenseitig unterstützen und helfen, um das gemeinsame Ziel (Geschichte) zu erreichen. Falls einige Kinder Schwierigkeiten haben, Sätze zu formulieren, haben sie die Möglichkeit, die Sprechblase weiterzureichen und können insgesamt drei Mal auszusetzen. So kann leistungsschwächeren Team-Mitgliedern der Druck genommen und gleichzeitig können Lernhilfen angeboten werden.

Vorstellung der Ergebnisse und ihre Reflexion

Drei-Finger-Reflexion

Möglicherweise werden in dieser Unterrichtsstunde nicht alle Teams ihre Texte fertig stellen können. Daher ist es durchaus zweckmäßig, die Arbeitsphase in der nächsten Unterrichtsstunde wieder aufzunehmen. Dennoch empfiehlt es sich, über die gemeinsame Teamarbeit mit Hilfe der „Drei-Finger-Reflexion" zu reflektieren. Gerade durch die verschiedenen Rollenzuweisungen und die vorgegebene Reihenfolge für das Erreichen des gemeinsamen Ziels ist es wichtig, über die Zusammenarbeit der Teams zu reflektieren.

Es bieten sich folgende Aspekte für die Reflexion an:

„So haben wir die Rollen eingehalten!"

„So haben wir miteinander gearbeitet!"

„So haben wir uns gegenseitig geholfen, wenn es Probleme gab!"

Wenn man die Leitfragen zur Auswertung der Kooperation in den Teams auf diese offene Weise stellt, erleichtert man den Schülern die Beschreibung und reflexive Betrachtung ihrer Arbeitsweise. Der Lehrer sollte wie stets in diesen Phasen die Aufmerksamkeit der Schüler besonders auf gelungene Aspekte lenken.

Jeder Schüler überlegt in der Phase der „Drei-Finger-Reflexion" für sich, wie viele Finger er zeigt. Die Lehrerin kann punktuell einzelne Meinungen der Schüler aufgreifen und intensiver besprechen. Insbesondere Teams, die gut miteinander gearbeitet haben, können für andere Teams Tipps und Hilfestellungen für die Weiterarbeit geben.

Zeit/Phase	Unterrichtsgeschehen	Sozialform/Medien	Methodisch-didaktischer Kommentar
Einstieg **7 min**	◆ Begrüßung der Schüler ◆ Arbeitsauftrag 1: Teams finden sich zusammen. Sie orientieren sich in ihrem Geschichtenbauplan und finden sich thematisch in ihre geplante Geschichte ein	◆ Teams ◆ Geschichtenbauplan	◆ Teams sollen sich thematisch auf ihre Geschichte einstimmen und sicher gehen, dass jedes Teammitglied den Aufbau seiner Geschichte verstanden hat ◆ Dies ist die Voraussetzung für die anschließende Arbeitsphase, in der die Geschichte mit Hilfe der Stichwörter verschriftlicht werden soll
Aufgaben-stellung **3 min**	Mit Hilfe einer Schreibkette werden innerhalb der Teams reihum Sätze für die Verschriftlichung der Geschichte formuliert Mit einem Team wird der Arbeitsprozess vor der Klasse simuliert Rollenverteilung wird mit Karten an der Tafel symbolisiert: ◆ Schreiber ◆ Leser ◆ Überprüfer ◆ Flüsterstimmenchef	◆ Plenum ◆ Geschichtenbauplan ◆ Symbolkarten für Rollenzuweisung ◆ Simulationsteam	◆ Simulation des Arbeitsauftrages mit einer Testgruppe zur Verdeutlichung des Arbeitsprozesses ◆ Rollenzuweisung im Sinne der Positiven Abhängigkeit zur Erreichung des gemeinsamen Ziels
Arbeitsphase **30 min**	◆ Teams beginnen mit dem abwechselnden Formulieren, Überprüfen und Aufschreiben der Sätze ◆ Sätze werden auf einem leeren Arbeitsblatt notiert ◆ Team-Mitglieder unterstützen und beraten sich in dieser Phase	◆ Teams ◆ Leeres Arbeitsblatt ◆ Rede- und Zuhörkarten	◆ Rede- und Zuhörkarten für die Einhaltung von Gesprächsregeln ◆ Arbeitsblatt für das Aufschreiben der Geschichte
Reflexion **5 min**	Mit Hilfe der Drei-Finger-Reflexion wird die gemeinsame Arbeit nach folgenden Kriterien reflektiert: ◆ So haben wir die Rollen eingehalten ◆ So haben wir miteinander gearbeitet ◆ So haben wir uns gegenseitig geholfen	◆ Plenum	◆ Es soll über die gemeinsame Arbeitsphase reflektiert werden ◆ Jeder Schüler hat die Möglichkeit seine eigene Meinung auszudrücken

Kopiervorlagen als Unterrichtshilfen

Strukturvorlage zur Planung kooperativer Unterrichtsstunden

Thema der Einheit – Thema der Stunde (Inhaltlich):

_____

_____

Didaktischer Schwerpunkt: _____

_____

Intentionen: _____

_____

Fachliche Ziele: _____

* ... _____

* ... _____

* ... _____

Methodische Ziele: _____

* ... _____

* ... _____

* ... _____

Soziale Ziele: _____

* ... _____

* ... _____

* ... _____

Aspekte von Kooperativem Lernen

Positive Abhängigkeit _____

Individuelle Verantwortung: _____

Gruppenevaluation: _____

Soziales Lernen: _____

Direkte Interaktion: _____

_____

Unterrichtsdurchführung

Teambildung und Identitätsfindung _____

... _____

Aufgabenstellung und Rolleneinteilung _____

... _____

Texterarbeitungsphase im Team... _____

_____

Vorstellung der Ergebnisse und ihre Reflexion _____

Tabellarische Übersicht über den Stundenverlauf

Zeit	Phase	Aufgabenstellung	Methode	Positive Abhängigkeit	Hilfen/Differenzierung

Maler

Schreiber

Zeit-Manager

Material-Manager

Spion

Ermutiger

Berichterstatter

Leser

Zuhörer

Flüsterstimmenchef

Nachfrager

Vermuter

Fehlerfinder

Lober

Reihenfolge-Kontrolleur

Markierer

Rasender Reporter

Verabredungskalender

```
1 .........................................

2 .........................................

3 .........................................

4 .........................................
```

Pair-Check

Reflexion mit Reflexionskarten

Team Tournament

Line-up

Mind-Map

Placemat

Graffiti

Doppelkreis

Think-Pair-Square

Jigsaw

3-Finger-
Einschätzung

Karussel

Schnittkreisdiktat

Teil 2: Kopiervorlagen für die Schülerhand

Gruppen-Zielscheibe

Jeder von uns hat mitgearbeitet

Wir haben die Reihenfolge eingehalten

Wir haben einander geholfen

Wir haben die Aufgabe gelöst

Stimmung im Team war gut

Ich - bin - Ich - Puzzle

Ich - bin - Ich - Puzzle

Komplimente-Karte

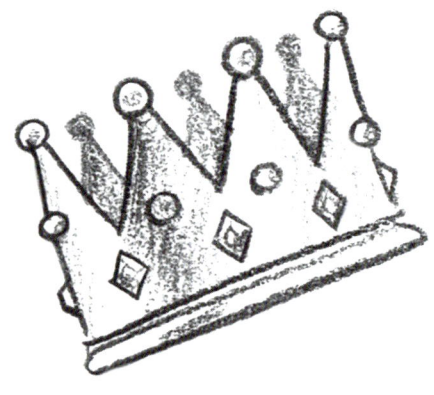 

Name _____

Ich finde besonders gut an dir ...

_____

_____

_____

_____

Team-Laufpass

Das hat mir am besten gefallen

_____

_____

_____

_____

So haben wir zusammmen gearbeitet bei:

Station 1	☺	😐	☹
Wir haben alle geholfen			
Wir waren freundlich zueinander			
Wir haben eine Lösung gefunden			

Station 2	☺	😐	☹
Wir haben alle geholfen			
Wir waren freundlich zueinander			
Wir haben eine Lösung gefunden			

Station 3	☺	😐	☹
Wir haben alle geholfen			
Wir waren freundlich zueinander			
Wir haben eine Lösung gefunden			

Gruppendino

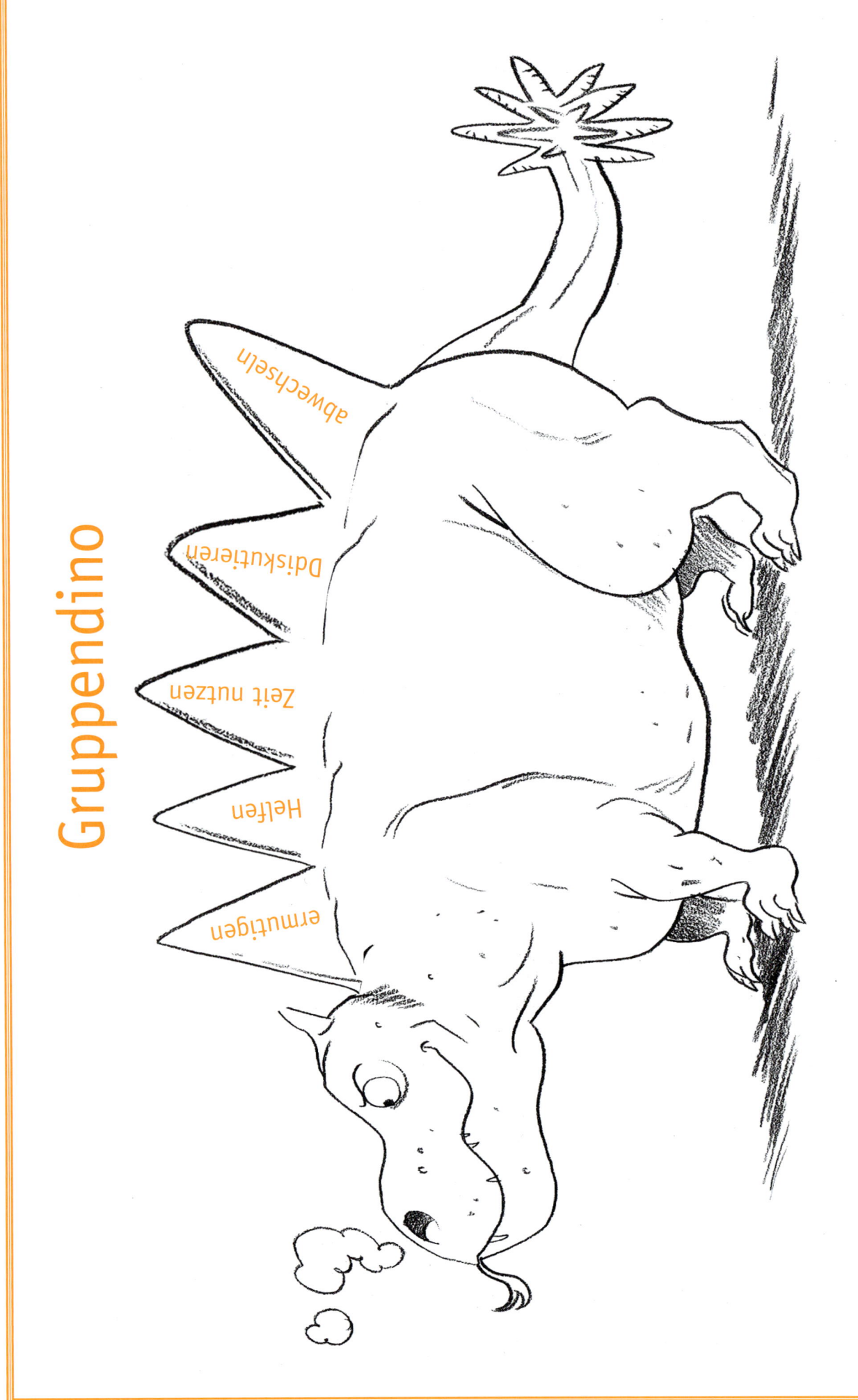

Stacheln:
- abwechseln
- Ddiskutieren
- Zeit nutzen
- Helfen
- ermutigen

* Unterhalte dich mit deiner Gruppe über eure Arbeit: Entscheidet, welche Stacheln ihr ganz ausmalen könnt, welche nur halb oder welche gar nicht und warum

erschrocken

erfreut

müde

erstaunt

eingebildet

traurig

wütend

heulend

Märchenpaare

Schneewittchen	7 Zwerge
Schneeweißchen	Rosenrot
Frau Holle	Pech-Marie
Der böse Wolf	Rotkäppchen
Hänsel	Gretel
Froschkönig	Die goldene Kugel
Aschenputtel	Der Schuh
Dornröschen	Der schöne Prinz

Direktor der Schule

Was unser Team
verändern würde

1.
2.
3.
4.
5.

König von Deutschland

Was unser Team verändern würde

1. _____

2. _____

3. _____

4. _____

5. _____

Gruppenbaum

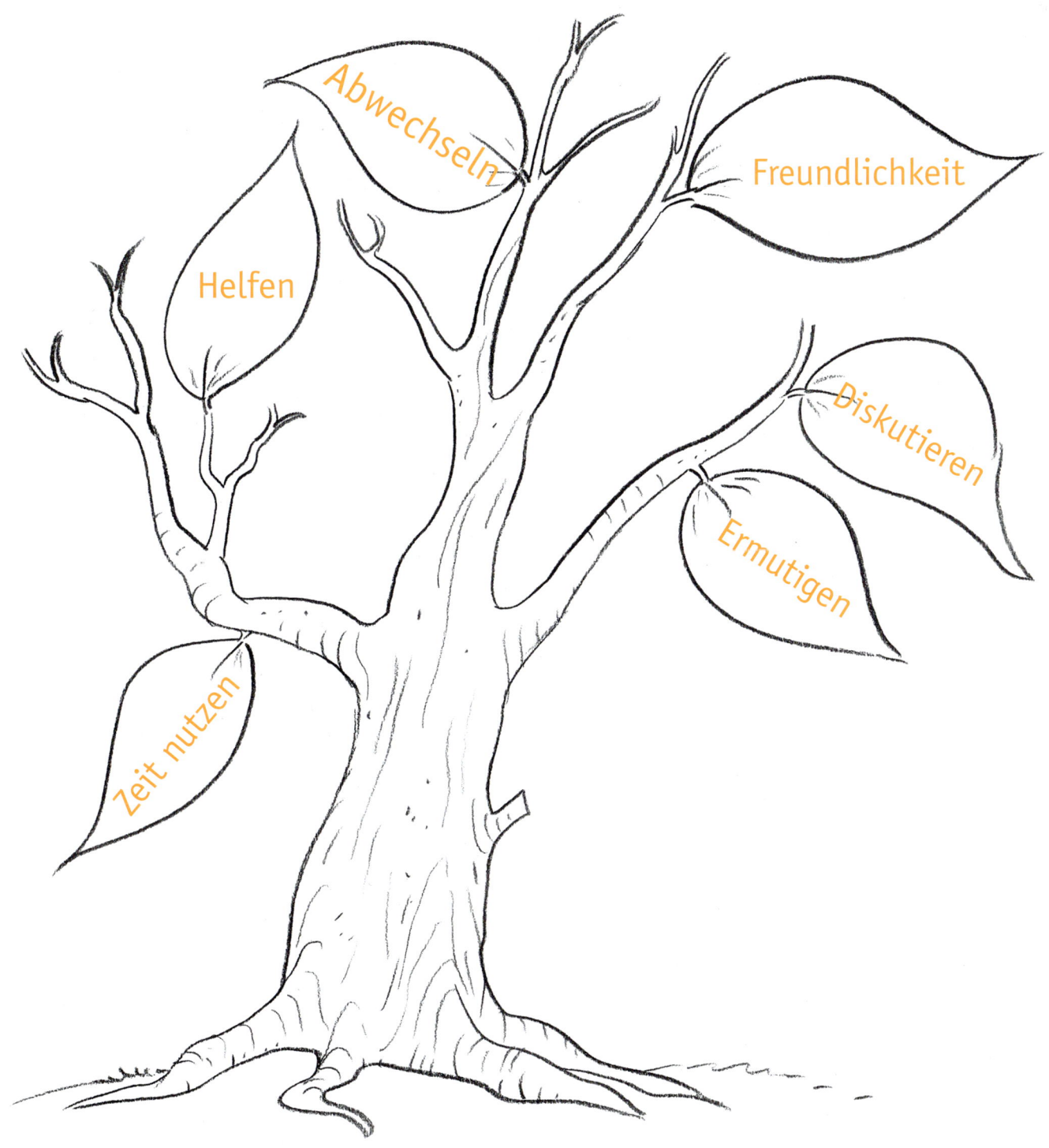

* Unterhalte dich mit deiner Gruppe über eure Arbeit: Entscheidet, welche Blätter ihr ganz ausmalen könnt, welches nur halb oder welches gar nicht und warum.

Messt das Team

Wie lang sind eure Daumen alle zusammen?   cm

Wer von euch hat den längsten Arm?   Name

                                                            cm

Wer von euch hat den dicksten Schädel?   Name

                                            Umfang   cm

Messt euch nacheinander und
rechnet zusammen!
Wie groß seid ihr alle zusammen?   cm

Eismann (Klassen 1/2)

Wir haben uns geholfen

Wir waren freundlich zueinander

Wir haben unser Ziel erreicht

* Unterhalte dich mit deiner Gruppe über eure Arbeit: Entscheidet, welche Bällchen ihr ganz ausmalen könnt, welches nur halb oder welches gar nicht und warum.

Bergsteiger

Tiergeräusche/Pantomime
für jedes Team ein Kartensatz kopieren!

Finde einen Freund ...

	Name
... der weiß,	
... der weiß,	
... der weiß,	
... der weiß,	

Ergebnispaare (Klasse 1/2)

2+2	3+1
5+3	6+2
1+9	3+7
3+3	5+1
10-3	5+2
9-5	3+1
13-4	8+1
20-15	3+2
17+3	10+10
3+8	10+1
20-5	10+5
16-8	4+4

Ergebnispaare (Klasse 3/4)

3•6	2•9
7•8	28•2
9:3	21:7
24:8	15:5
81:9	54:6
5•10	100:2
18•2	6•6
77:11	63:9
2•22	11•4
60:10	2•3
100-51	7•7
98-26	8•9

Wortpaare

Einzahl/Mehrzahl auf dem Bauernhof

der Hof	die Höfe
der Traktor	die Traktoren
der Hund	die Hunde
das Schaf	die Schafe
die Kuh	die Kühe
der Stall	die Ställe
das Kalb	die Kälber
das Schwein	die Schweine
das Pferd	die Pferde
das Feld	die Felder
der Mähdrescher	die Mähdrescher
der Misthaufen	die Misthaufen
der Hühnerstall	die Hühnerställe
das Huhn	die Hühner

Wir haben uns gegenseitig geholfen

Wir haben die gute Stimmung im Team erhalten

Unser Ergebnis stellt uns zufrieden

Wir haben das Verfahren eingehalten

Mein Freundschaftsbuch

Der Autor und Freunde

Autor _____

Urheberrecht _____

Widmung

Mein Buch ist für _____

weil _____

_____

_____

_____

6. Literaturliste

Bainski, Christiane, Krüger-Potratz (Hg.): Handbuch Sprachförderung. Essen 2008

Bartnitzky, Horst: Sprachunterricht heute. Berlin 2001

Baumert, J. et al.: Pisa 2000. Die Länder der Bundesrepublik Deutschland im Vergleich, Opladen 2000

Baurmann, Jürgen/Müller Astrid: Experten und Anfänger lernen gemeinsam. Lesen und Verstehen von Sachtexten durch wechselseitiges Lehren und Lernen. In: Menzel, Wolfgang: Texte lesen - Texte verstehen. Seelze 2003

Baurmann, Jürgen: Kooperatives Lernen im Deutschunterricht. Praxis Deutsch Heft 205. Seelze 2007

Bloom, Benjamin. Taxonomie von Lernzielen im affektiven Bereich. Weinheim, Basel: 1978

Bochmann, Reinhard/Kirchmann, Ruth: Kooperatives Lernen in der Grundschule. Essen 2006

Bochmann, Reinhard/Kirchmann, Ruth: Tiere aus Arktis und Antarktis. Kooperatives Lernen im Deutschunterricht der Eingangsstufe. Praxis Deutsch Heft 205. Seelze 2007

Boettcher/Otto/Sitta/Tymister: Lehrer und Schüler machen Unterricht. München 1976

Borba, Michele: Building Moral Intelligence. San Francisco 2002

Borba, Michele: Esteem Builders. Torrance 1989

Bosselmann, Uta: HAVAS. Hamburger Sprachstandserhebung am Schulanfang. In Bartnitzky, Horst/Speck-Hamdam (Hrsg.): Deutsch als Zweitsprache lernen. Arbeitskreis Grundschule e.V., Frankfurt 2005

Brüning, Ludger/Saum, Tobias: Erfolgreich unterrichten durch kooperatives Lernen. Strategien zur Schüleraktivierung, Essen 2006.

Brüning, Ludger, Saum, Tobias: Erfolgreich unterrichten durch Visualisieren. Essen 2007.

Cohen, Elizabeth. G.: Designing Grouwork. Strategies for the Heterogeneous Classroom. New York 1986

Coleman, James Samuel: Equality of Educational Opportunity 1966

Cwik, Gabriele, Risters, Willi: Lernen lernen von Anfang an. Bd II. Berlin 2004

Forester Anne D. und Reinhard, Margaret: The Teacher`s Way: The Role of the Teacher in Today`s Classroom. Winnipeg 1994

Green, Norm/Green Kathy: Kooperatives Lernen im Klassenraum und im Kollegium. Ein Trainingsbuch, Seelze 2005

Green, Norm/Green Kathy: Workshop – Script, Akademie Mönchengladbach 2003

Jampert, Karin u. a. : Schlüsselkompetenz Sprache. Berlin 2005

David u. Roger Johnson: Cooperation, Competition: Theory and Research. Minnesota. 1989

David u. Roger Johnson: Positive Interdependence: The Heart of Cooperative Learning, Minnesota 1992

David und Roger Johnson: Learning together and alone. Cooperative, competitive an individualistic learning. Boston 1990

David und Roger Johnson: Kooperatives Lernen, Kooperative Schule. Mühlheim an der Ruhr. 2005

Joyce, Bruce/Weil, Marsha/Showers, Beverly: Models of Teaching. Boston 1992.

Köditz, Jagoda: Ganztägig Sprache lernen: eine Chance für Kinder aus zugewanderten Familien. In: *Bainski, Christiane, Krüger-Potratz (Hg.)*: Handbuch Sprachförderung. Essen 2008

Roth, Hans-Joachim: Verfahren zur Sprachstandsfeststellung – ein kritischer Überblick. In: Bainski, Christiane, Krüger-Potratz (Hg.): Handbuch Sprachförderung. Essen 2008

Schirp, Heinz: Neurowissenschaften und Lernen. Verband Sonderpädagogik. Mitteilungen 4/2007

Spitzer, Manfred: Lernen. Gehirnforschung und die Schule des Lebens. Heidelberg, Berlin 2002

Smith, C. A.: Promoting the Social Development of Young Children: Strategies and Activities. Palo Alto, CA. Mayfield 1982

Tymister, Hans Josef/Wallrabenstein, Wulf: Lernen im Deutschunterricht. Stuttgart 1982

Weidner, Margit: Kooperatives Lernen im Unterricht. Das Arbeitsbuch. Seelze 2003

Unentbehrliche Ratgeber für den Schulalltag

Erfolgreich unterrichten durch Kooperatives Lernen

Neue Strategien zur Schüleraktivierung – Individualisierung – Leistungsbeurteilung – Schulentwicklung

Band 2

Ludger Brüning und Tobias Saum

In diesem zweiten Band werden weitere Methoden und Lernarrangements vorgestellt, die sich in der Praxis und Lernforschung als sehr wirksam und motivierend erwiesen haben. Außerdem werden viele Fragen, die in der Praxis immer wieder auftauchen, eingehend thematisiert:
• Wie können die Schülerinnen und Schüler beim Kooperativen Lernen individuell gefördert werden?
• Wie wird die Leistung beim Kooperativen Lernen bewertet?
• Wie verhält sich der Lehrer in den Phasen der Kooperation?
• Welche Bedeutung hat das Üben und Wiederholen beim Kooperativen Lernen?
• Wie kann sich ein ganzes Kollegium auf den Weg machen, das Kooperative Lernen zu erlernen und langfristig umzusetzen?
• Was sagen empirische Untersuchungen zur Wirksamkeit des Kooperativen Lernens?
Dieser Band schließt nahtlos an den ersten Band an – anschaulich und lebendig, mit vielen Tipps und Hinweisen aus der Praxis.

180 Seiten, Format Din A 4, Best.-Nr. 312, 24,80 Euro

4. Auflage

Erfolgreich unterrichten durch Kooperatives Lernen

Strategien zur Schüleraktivierung

Ludger Brüning und Tobias Saum

Mit Kooperativem Lernen können Sie erfolgreich und motivierend unterrichten: Sie fördern fachliche, methodische und soziale Kompetenzen und stärken das Selbstwertgefühl.

180 Seiten, Format Din A 4, Best.-Nr. 306, 24,80 Euro

Erfolgreich unterrichten durch Visualisieren

Ludger Brüning und Tobias Saum

In diesem Buch stellen Ludger Brüning und Tobias Saum verschiedene Visualisierungsformen und unterschiedliche Mapping-Techniken als Bausteine eines aktivierenden und erfolgreichen Unterrichts vor.

120 Seiten, Format Din A 4, Best.-Nr. 308, 19,80 Euro

Kooperatives Lernen in der Grundschule

Aktive Kinder lernen mehr

Ruth Kirchmann / Reinhard Bochmann

Kaum eine Schulform stellt so große Herausforderungen an das pädagogische Know-How ihrer Pädagoginnen und Pädagogen wie die Grundschule. In ihrem Buch öffnen die Autoren innovativen Kolleginnen und Kollegen ein wahres Schatzkästlein an handverlesenen Methoden des Kooperativen Lernens.

120 Seiten, Format Din A 4, Best.-Nr. 307, 19,80 Euro

Handbuch Sprachförderung

Christiane Bainski und Marianne Krüger-Potratz (Hg.)

Die Deutschkenntnisse aller Kinder verbessern und einen „produktiven, wertschätzenden Umgang mit Mehrsprachigkeit" pflegen – das möchten viele Pädagoginnen und Pädagogen. Aber wie? Dieses Handbuch liefert hierfür das nötige Rüstzeug. Geeignet für alle Fächer und jedes Kind – weit über Crash-Kurse hinaus.

160 Seiten, Format Din A 4, Best.-Nr. 309, 24,80 Euro

Bestellen Sie diese Ratgeber über den NDS-Verlag:

Neue Deutsche Schule Verlagsgesellschaft mbH: Postfach 102752 • 45027 Essen

Tel: 02 01 - 29 40 306 • Fax: 02 01 - 29 40 314 • info@nds-verlag.de

NDS
Neue Deutsche Schule
Verlagsgesellschaft mbH